Rechnerisches Unbundling in der Strom- und Gasversorgung

Kommunalwirtschaftliche Forschung und Praxis

Herausgegeben von Wolf Gottschalk

Band 2

PETER LANG

Frankfurt am Main · Berlin · Bern · Bruxelles · New York · Oxford · Wien

Heinz Bolsenkötter
Michael Poullie

Rechnerisches Unbundling in der Strom- und Gasversorgung

Rechnungslegung nach dem neuen Energiewirtschaftsgesetz

3., neubearbeitete Auflage

PETER LANG
Europäischer Verlag der Wissenschaften

Bibliografische Information Der Deutschen Bibliothek
Die Deutsche Bibliothek verzeichnet diese Publikation in der Deutschen Nationalbibliografie; detaillierte bibliografische Daten sind im Internet über <http://dnb.ddb.de> abrufbar.

Die 1. und 2. Auflage sind im Jahre 2000
unter dem Titel
Rechnungslegung nach der Elektrizitätsbinnenmarkt-Richtlinie und nach § 9 EnWG
erschienen.

ISSN 0948-6178
ISBN 3-631-51803-X

www.peterlang.de

Inhaltsverzeichnis

Vorwort des Herausgebers

Zur 3. Auflage

Diese Auflage sollte eigentlich früher erscheinen. Zu einer Novellierung des Energiewirtschaftsgesetzes mit der Transformation der Erdgasbinnenmarkt-Richtlinie ist es aber vor der Bundestagswahl nicht mehr gekommen. Damit verzögerte sich auch die Verpflichtung der Gasversorgungsunternehmen zur Erstellung von Aktivitäten-Bilanzen und -Gewinn- und Verlustrechnungen.
Nach der nunmehrigen Verkündung der Energierechtsnovelle – Erstes Änderungsgesetz vom 20.5.2003 – im BGBl. I vom 23.5.2003 wollen Autoren, Herausgeber und Verlag mit einer erweiterten Neuauflage insbesondere den Unternehmen der Gaswirtschaft eine rechtzeitige und gründliche Vorbereitung auf die neuen Verpflichtungen ermöglichen; die Regelungen für Gasversorgungsunternehmen sind in die Texte der Vorauflagen eingearbeitet, um so einen umfassenden Überblick über die Aktivitäten-Rechnungslegung in der Elektrizitäts- und Gasversorgung zu vermitteln. Berücksichtigt ist auch die zwischenzeitliche Diskussion zur Aktivitäten-Rechnungslegung in der Elektrizitätswirtschaft.
In zwei neu eingeführten Exkursen werden konzentriert die Anforderungen zur Segmentberichterstattung gem. § 297 Abs. 1 S. 2 HGB im Rahmen der Konzernrechnungslegung und zur Segmentierung nach dem Transparenzrichtlinie-Gesetz dargestellt. Unter Umständen können in einem Unternehmen (einem Konzern) mehrere dieser Vorgaben nebeneinander zu beachten sein.
Da im Übrigen in absehbarer Zeit mit neuen Energiebinnenmarkt-Richtlinien zu rechnen ist, erscheint es angebracht, im Schlusskapitel einen Ausblick zu wagen, der Tendenzen der derzeitigen Entwicklung aufzeigt und eine gewisse vorsichtige Vorwegnahme dessen ermöglichen soll, was derzeit noch nicht Richtlinie und Gesetz ist, sich aber als wahrscheinlich abzeichnet.
Gefördert wurde diese Schrift von der WIBERA Wirtschaftsberatung AG. Die am Zustandekommen des Buches Beteiligten wünschen, dass diese Publikation die Segmentierungsanforderungen des Energiewirtschaftsgesetzes zuverlässig darstellt, die Zusammenhänge mit und die Unterschiede zu anderen Segmentierungserfordernissen verdeutlicht und Hinweise zur Problemlösung in der Praxis vermittelt und dass sie schließlich ebenso freundlich aufgenommen werden möge wie die Vorauflagen.

Prof. Dr. Wolf Gottschalk

Vorwort des Herausgebers

Zur 1. Auflage

Die Elektrizitätsbinnenmarkt-Richtlinie und § 9 des Energiewirtschaftsgesetzes verlangen von den Elektrizitätsversorgungsunternehmen die Erstellung von Segmentbilanzen und Gewinn- und Verlustrechnungen nach Aktivitäten. Aufgrund der Erdgasbinnenmarkt-Richtlinie werden sich nach ihrer Transformation in nationales Recht für die Unternehmen der Gaswirtschaft ähnliche Anforderungen ergeben; Herausgeber und Verfasser planen, zu gegebener Zeit eine ergänzte Fassung dieser Schrift vorzulegen, die die besonderen Anforderungen an Erdgasunternehmen berücksichtigt.
Ansätze für eine – allerdings nicht konsequente – Segmentrechnungslegung enthält auch schon das derzeitige Handelsrecht, insbesondere in Formblattregelungen für einzelne Wirtschaftszweige und für die Konzernrechnungslegung (§ 297 Abs. 2 HGB). Das Recht der kommunalen Eigenbetriebe kennt seit langem Spartenrechnungen, heute in Gestalt von Erfolgsübersichten. Auch steuerliche Anforderungen und unterschiedliche Vorgaben für die Finanzierung können zu Segmentierungen zwingen.
Schwierigkeiten und Unklarheiten für von den Neuregelungen betroffene Energieversorgungsunternehmen können sich aus dem Erfordernis der vollständigen Segmentierung der Bilanz und der Gewinn- und Verlustrechnung ergeben, ferner daraus, daß derzeit die Aktivitätenabgrenzungen z.T. noch umstritten sind.
Die Vereinigung Deutscher Elektrizitätswerke und der Verband kommunaler Unternehmen haben Empfehlungen für ein zweckmäßiges Vorgehen der Unternehmen in der Elektrizitätswirtschaft ausgesprochen; darüber hinaus liegt ein Diskussionsentwurf des Fachausschusses für öffentliche Unternehmen und Verwaltungen des Instituts der Wirtschaftsprüfer vor. Der vorliegende Leitfaden, der mit Unterstützung des Finanz- und Wirtschaftsrates beim VKU entstand und im Hause der WIBERA Wirtschaftsberatung AG erarbeitet wurde, versucht, die Gesamtproblematik zu erläutern und weitere Antworten auf Praxisfragen zu geben; er kann und will gleichwohl nicht beanspruchen, eine abschließende Meinung zu diesem Themenbereich zu repräsentieren.

Prof. Dr. Wolf Gottschalk

Abkürzungsverzeichnis

Abb.	Abbildung
Abs.	Absatz
Abschn.	Abschnitt
AEG	Allgemeines Eisenbahngesetz
AktG	Aktiengesetz
Art.	Artikel
BGBl.	Bundesgesetzblatt
Buchst.	Buchstabe
bzw.	beziehungsweise
DRS	Deutscher Rechnungslegungsstandard
DRSC	Deutsches Rechnungslegungs Standards Committee e.V.
DV	Datenverarbeitung
EG	Europäische Gemeinschaft[en]
EGHGB	Einführungsgesetz zum Handelsgesetzbuch
EGV	Vertrag zur Gründung der Europäischen Gemeinschaft
EK	Eigenkapital
EnWG	Energiewirtschaftsgesetz
ERS	Entwurf Stellungnahme zur Rechnungslegung
EU	Europa-Union
EWG	Europäische Wirtschaftsgemeinschaft
FASB	Financial Accounting Standards Board
FK	Fremdkapital
FN	Fachnachrichten
gem.	gemäß
ggf.	gegebenenfalls
GmbH	Gesellschaft mit beschränkter Haftung
GmbH & Co. KG	Gesellschaft mit beschränkter Haftung und Compagnie Kommanditgesellschaft
GuV	Gewinn- und Verlust
HGB	Handelsgesetzbuch
HGrG	Haushaltsgrundsätzegesetz
Hsp	Hochspannung
i.d.R.	in der Regel

i.V.	in Verbindung
IASC	International Accounting Standards Committee
IDW	Institut der Wirtschaftsprüfer in Deutschland e.V.
Kfz	Kraftfahrzeug
KgaA	Kommanditgesellschaft auf Aktien
km	Kilometer
KonTraG	Gesetz zur Kontrolle und Transparenz im Unternehmensbereich
kV	Kilovolt
LNG	Liquid Natural Gas
lt.	laut
MD	Mitteldruck
Modul CO	Modul Controlling
Msp	Mittelspannung
ND	Niederdruck
Nsp	Niederspannung
ÖFA	Fachausschuss für öffentliche Unternehmen und Verwaltungen des IDW
PS	Prüfungsstandard
SAP R/3	SAP (Systeme, Anwendungen, Produkte in der Datenverarbeitung) AG, Walldorf, Programm R/3 (Rechnungswesen Version 3) gilt als eine der weltweit am häufigsten verwendeten betriebswirtschaftlichen Standardsoftware für Client/Server-Architekturen.
SFAS	Statement of Financial Accounting Standard
sog.	so genannte(n/r)
TranspRLG	Transparenzrichtlinie-Gesetz
Tz	Textziffer
u.E.	unseres Erachtens
u.U.	unter Umständen
Unterabs.	Unterabsatz
usw.	und so weiter
vgl.	vergleiche

1 Rechtliche Anforderungen

1.1 Rechtliche Regelungen der Energiebinnenmarkt-Richtlinien und des deutschen Energiewirtschaftsrechts

In Verbindung mit den Bemühungen, auch die Märkte für leitungsgebundene Energien stärker dem Wettbewerb zu öffnen, sehen die am 19.12.96 verabschiedete Elektrizitätsbinnenmarkt-Richtlinie[1] sowie die am 22.06.98 verabschiedete Erdgasbinnenmarkt-Richtlinie[2] die vollständige Segmentierung der Bilanz und der Gewinn- und Verlustrechnung nach vorgegebenen Aktivitäten vor. Damit sollen nach den Richtlinientexten Diskriminierungen, Quersubventionierungen und Wettbewerbsverzerrungen integrierter Energieversorgungsunternehmen vermieden werden[3].

Die Vorgaben dieser auch als Energiebinnenmarkt-Richtlinien bezeichneten Rechtsvorgaben wurden zunächst nur für den Elektrizitätssektor in deutsches Recht umgesetzt, und zwar über eine Neufassung des Energiewirtschaftsgesetzes[4]. Für den Erdgassektor verzögerte sich die Transformation in deutsches Recht bis zum Frühjahr 2003[5]. Die einschlägigen Regelungen der Richtlinien und des Energiewirtschaftgesetzes einschließlich des zuletzt eingefügten § 9a EnWG seien hier im Wortlaut in synoptischer Gegenüberstellung zitiert:

---

1 Richtlinie 96/92/EG des Europäischen Parlaments und des Rates vom 19.12.96, betreffend gemeinsame Vorschriften für den Elektrizitätsbinnenmarkt, Amtsblatt der Europäischen Gemeinschaften Nr. L 27/20 vom 30.01.97.

2 Richtlinie 98/30/EG des Europäischen Parlaments und des Rates vom 22.06.98, betreffend gemeinsame Vorschriften für den Erdgasbinnenmarkt, Amtsblatt der Europäischen Gemeinschaften Nr. L 204/1 vom 21.07.98.

3 Zum europäischen Energiebinnenmarkt grundsätzlich: Gesellschaft für öffentliche Wirtschaft (Hrsg.), Die Unternehmen der öffentlichen Energieversorgung der Bundesrepublik Deutschland im europäischen Binnenmarkt, Stellungnahme des Wissenschaftlichen Beirats der Gesellschaft für öffentliche Wirtschaft, Berlin 1991 (Beiträge zur öffentlichen Wirtschaft, Heft 8).

4 Gesetz über die Elektrizitäts- und Gasversorgung (Energiewirtschaftsgesetz - EnWG), Art. 1 des Gesetzes zur Neuregelung des Energiewirtschaftsrechts vom 24.04.98, BGBl. I vom 28.04.98, S. 730.

Art. 14 Elektrizitätsbinnenmarkt-Richtlinie	§ 9 Energiewirtschaftsgesetz
(1) Die Mitgliedstaaten treffen die erforderlichen Maßnahmen, um sicherzustellen, dass die Buchführung der Elektrizitätsunternehmen gemäß den Vorschriften der Absätze 2 bis 5 erfolgt.	
(2) Ungeachtet ihrer Eigentumsverhältnisse oder ihrer Rechtsform erstellen und veröffentlichen die Elektrizitätsunternehmen ihre Jahresabschlüsse und lassen diese überprüfen, und zwar gemäß den nationalen Rechtsvorschriften über die Jahresabschlüsse von Gesellschaften, die in Umsetzung der Vierten Richtlinie 78/660/EWG des Rates vom 25. Juli 1978 aufgrund von Artikel 54 Absatz 3 Buchstabe g) des Vertrags über den Jahresabschluß von Gesellschaften bestimmter Rechtsformen erlassen worden sind. Unternehmen, die zur Veröffentlichung ihrer Jahresabschlüsse nicht verpflichtet sind, halten eine Ausfertigung des Jahresabschlusses in ihrer Hauptverwaltung zur Verfügung der Öffentlichkeit.	(1) Elektrizitätsversorgungsunternehmen der allgemeinen Versorgung haben, auch wenn sie nicht in der Rechtsform einer Kapitalgesellschaft betrieben werden, einen Jahresabschluß nach den für Kapitalgesellschaften geltenden Vorschriften des Ersten und Dritten Unterabschnitts des Zweiten Abschnitts des Dritten Buchs des Handelsgesetzbuchs aufzustellen und prüfen zu lassen. Soweit eine Verpflichtung zur Offenlegung nach den §§ 325 bis 329 des Handelsgesetzbuchs nicht besteht, ist eine Ausfertigung des Jahresabschlusses in der Hauptverwaltung zur Einsicht bereitzuhalten.
(3) Zur Vermeidung von Diskriminierungen, Quersubventionen und Wettbewerbsverzerrungen führen integrierte Elektrizitätsunternehmen in ihrer internen Buchführung getrennte Konten für ihre Erzeugungs-, Übertragungs- und Verteilungsaktivitäten sowie gegebenenfalls konsolidierte Konten für ihre sonstigen Aktivitäten außerhalb des Elektrizitätsbereichs in derselben Weise, wie sie dies tun müßten, wenn die betreffenden Tätigkeiten von separaten Firmen ausgeführt würden. Sie nehmen für jede Aktivität eine Bilanz sowie eine Ergebnisrechnung in den Anhang ihres Jahresabschlusses auf.	(2) Elektrizitätsversorgungsunternehmen der allgemeinen Versorgung haben in ihrer Buchführung getrennte Konten für die Bereiche Erzeugung, Übertragung und Verteilung sowie für Aktivitäten außerhalb des Elektrizitätsbereichs zu führen. Sie haben für jede Aktivität und die zusammengefaßten Aktivitäten außerhalb des Elektrizitätsbereichs eine Bilanz sowie eine Gewinn- und Verlustrechnung in den Anhang ihres Jahresabschlusses aufzunehmen. Soweit dabei eine direkte Zuordnung zu den einzelnen Aktivitäten nicht möglich ist oder mit unvertretbarem Aufwand verbunden wäre, hat die Zuordnung durch Schlüsselung der Konten, die sachgerecht und für Dritte nachvollziehbar sein muß, zu erfolgen.
(4) Im Anhang zum Jahresabschluß geben die Unternehmen die Regeln an, nach denen die Gegenstände des Aktiv- und Passivvermögens sowie die ausgewiesenen Aufwendungen und Erträge den gemäß Absatz 3 separat geführten Konten zugewiesen werden. Änderungen dieser Regeln sind nur in Ausnahmefällen zulässig. Diese Änderungen müssen im Anhang erwähnt und ordnungsgemäß begründet werden.	(3) Im Anhang zum Jahresabschluß sind die Regeln anzugeben, nach denen die Gegenstände des Aktiv- und Passivvermögens sowie die ausgewiesenen Aufwendungen und Erträge den Konten nach Absatz 2 zugewiesen werden. Änderungen dieser Regeln in Ausnahmefällen sind zu erläutern und zu begründen.
(5) Im Anhang zum Jahresabschluß sind die Geschäfte größeren Umfangs, die mit verbundenen Unternehmen im Sinne von Artikel 41 der Siebenten Richtlinie 83/349/EWG des Rates vom 13. Juni 1983 aufgrund von Artikel 54 Absatz 3 Buchstabe g) des Vertrags über den konsolidierten Abschluß oder mit assoziierten Unternehmen im Sinne von Artikel 33 Absatz 1 derselben Richtlinie oder mit Unternehmen derselben Aktionäre getätigt worden sind, gesondert aufzuführen.	(4) Im Anhang zum Jahresabschluß sind die Geschäfte größeren Umfangs, die mit verbundenen oder assoziierten Unternehmen oder mit Unternehmen derselben Aktionäre getätigt worden sind, gesondert darzustellen.

[5] Erstes Gesetz zur Änderung des Gesetzes zur Neuregelung des Energiewirtschaftsrechts vom

Art. 13 Erdgasbinnenmarkt-Richtlinie	§ 9a Energiewirtschaftsgesetz
(1) Die Mitgliedstaaten treffen die erforderlichen Maßnahmen, um sicherzustellen, dass die Buchführung der Erdgasunternehmen gemäß den Absätzen 2 bis 5 erfolgt.	
(2) Ungeachtet ihrer Eigentumsverhältnisse oder ihrer Rechtsform erstellen und veröffentlichen die Erdgasunternehmen ihre Jahresabschlüsse und lassen diese überprüfen, und zwar gemäß den nationalen Rechtsvorschriften über die Jahresabschlüsse von Gesellschaften, die in Umsetzung der Vierten Richtlinie (78/660/EWG) des Rates vom 25. Juli 1978 aufgrund von Artikel 54 Absatz 3 Buchstabe g) des Vertrages über den Jahresabschluß von Gesellschaften bestimmter Rechtsformen erlassen worden sind. Unternehmen, die zur Veröffentlichung ihrer Jahresabschlüsse gesetzlich nicht verpflichtet sind, halten eine Ausfertigung des Jahresabschlusses in ihrer Hauptverwaltung zur Verfügung der Öffentlichkeit.	(1) Gasversorgungsunternehmen haben, auch wenn sie nicht in der Rechtsform einer Kapitalgesellschaft betrieben werden, einen Jahresabschluss nach den für Kapitalgesellschaften geltenden Vorschriften des Ersten und Dritten Unterabschnitts des Zweiten Abschnitts des Dritten Buchs des Handelsgesetzbuchs aufzustellen und prüfen zu lassen. Soweit eine Verpflichtung zur Offenlegung nach den §§ 325 bis 329 des Handelsgesetzbuchs nicht besteht, ist eine Ausfertigung des Jahresabschlusses in der Hauptverwaltung zur Einsicht bereitzuhalten.
(3) Zur Vermeidung von Diskriminierungen, Quersubventionen und Wettbewerbsverzerrungen führen integrierte Erdgasunternehmen in ihrer internen Buchführung für ihre Erdgasfernleitungs-, -verteilungs- und -speicherungstätigkeiten getrennte Konten sowie gegebenenfalls konsolidierte Konten für ihre Tätigkeiten außerhalb des Erdgassektors in derselben Weise, wie sie dies tun müßten, wenn die betreffenden Tätigkeiten von separaten Firmen ausgeführt würden. Diese interne Buchführung enthält für jede Tätigkeit eine Bilanz sowie eine Ergebnisrechnung. Kommt Artikel 16 zur Anwendung und erfolgt der Netzzugang auf der Grundlage einer Gesamtabrechnung für Fernleitung und Verteilung, so können die Konten für Fernleitung und Verteilung zusammengelegt werden.	(2) Integrierte Gasversorgungsunternehmen haben in ihrer internen Buchführung jeweils ein von den Gashandels- und -vertriebsaktivitäten getrenntes Konto für die Bereiche Fernleitung, Verteilung, Speicherung sowie gegebenenfalls ein konsolidiertes Konto für Aktivitäten außerhalb des Erdgassektors zu führen. Sie haben intern für jeden Bereich und für die zusammengefassten Aktivitäten außerhalb des Erdgassektors eine Bilanz sowie eine Gewinn- und Verlustrechnung aufzustellen. Soweit dabei eine direkte Zuordnung zu den einzelnen Bereichen und Aktivitäten nicht möglich ist oder mit unvertretbarem Aufwand verbunden wäre, hat die Zuordnung durch Schlüsselung der Konten zu erfolgen, die sachgerecht und für Dritte nachvollziehbar sein muss.
(4) In der internen Buchführung geben die Unternehmen unbeschadet der innerstaatlich anwendbaren Vorschriften für die Rechnungslegung die Regeln, einschließlich der Abschreibungsregeln, an, nach denen die Gegenstände des Aktiv- und Passivvermögens sowie die ausgewiesenen Aufwendungen und Erträge den gemäß Absatz 3 separat geführten Konten zugewiesen werden. Änderungen dieser Regeln sind nur in Ausnahmefällen zulässig. Diese Änderungen müssen erwähnt und ordnungsgemäß begründet werden.	(3) Zu der internen Buchführung gehören die Regeln, einschließlich der Abschreibungsregeln, nach denen die Aktiva und Passiva sowie die ausgewiesenen Aufwendungen und Erträge den gemäß Absatz 2 separat geführten Konten zugewiesen werden. Änderungen dieser Regeln sind nur in Ausnahmefällen zulässig und zu begründen.
(5) Im Anhang zum Jahresabschluß sind die Geschäfte größeren Umfangs, die mit verbundenen Unternehmen getätigt worden sind, gesondert aufzuführen.	(4) Im Anhang zum Jahresabschluss sind die Geschäfte größeren Umfangs, die mit den gemäß §§ 271 Abs. 2 oder 311 des Handelsgesetzbuchs verbundenen oder assoziierten Unternehmen getätigt worden sind, gesondert aufzuführen.

20.05.2003, BGBl. I vom 23.05.2003, S. 686.

Diese Regelungen führen zu einer generellen - d.h. rechtsform- und trägerunabhängigen - Rechnungslegungs- und Prüfungspflicht für die Elektrizitäts- und die Gasversorgungsunternehmen nach den für große Kapitalgesellschaften geltenden Maßstäben. Bei horizontal integrierten Unternehmen – Querverbundunternehmen – gelten die Verpflichtungen jeweils für das gesamte Unternehmen, nicht also nur für die jeweilige Energiesparte. Zur Bedeutung der Kriterien „allgemeine Versorgung" und „integriertes Unternehmen" für den Anwendungsbereich der Vorschriften sei ergänzend auf Abschn. 2.4 und 2.5 verwiesen.

Da die Regelungen international auf die Vierte Gesellschaftsrechtliche EG-Richtlinie und national auf das HGB verweisen, können die Erleichterungen für kleine Kapitalgesellschaften in Anspruch genommen werden; auch werden kleine Kapitalgesellschaften nicht auf Grund dieser energiewirtschaftsrechtlichen Vorschrift prüfungspflichtig.

Ob bei schon rechnungslegungs- und prüfungspflichtigen Unternehmen – etwa bei kommunalen Eigenbetrieben – die energierechtliche Regelung nur subsidiären Rang hat, erscheint derzeit ungeklärt, ist aber wohl zu bejahen, da mit dem Energiewirtschaftsgesetz nicht in Länderkompetenzen (hier Kommunalrecht) eingegriffen werden sollte. Da die eigenbetriebsrechtlichen Vorschriften zur Rechnungslegung nicht hinter denen des HGB für große Kapitalgesellschaften (bzw. den entsprechenden Vorgaben der Vierten Gesellschaftsrechtlichen EG-Richtlinie) zurückbleiben, z.T. sogar nicht unwesentlich darüber hinausgehen, ergeben sich hieraus keine neuen Anforderungen; das gilt auch für die Publizitätspflichten für Eigenbetriebe nach Landesrecht i.V. mit dem jeweiligen Ortsrecht. U.U. mag aber die Regelung über die generelle Prüfungspflicht eingreifen, soweit das jeweilige Landes-Prüfungsrecht Lücken in der Prüfungspflicht von Eigenbetrieben aufweist.

Die danach folgenden Regelungen – § 9 Abs. 2 EnWG und § 9a Abs. 2 EnWG auf Grund der entsprechenden Vorgaben der beiden Energiebinnenmarkt-Richtlinien – bilden die Rechtsgrundlage für die Segmentierung der Jahresabschlüsse in den betroffenen Branchen, in der Elektrizitätsversorgung nach außen gerichtet und prüfungspflichtig, in der Gasversorgung als im internen Rechnungswesen vorzuhaltende Informationen. Diese Anforderungen werden ergänzt durch Informationen zur Vorgehensweise bei der Segmentierung und zu Einzelangaben über definierte Geschäfte größeren Umfangs. Einzelheiten und Unterschiede mögen den zitierten Texten bzw. den Erläuterungen in den folgenden Abschnitten entnommen werden.

Die Vorschriften des § 9 Abs. 2 S. 2, Abs. 3 und Abs. 4 sowie des § 9a Abs. 4 EnWG gehen ins Leere, wenn eine Kapitalgesellschaft nach § 264 Abs. 3 und 4 HGB oder eine bestimmte Personenhandelsgesellschaft (§ 264a HGB) nach § 264b HGB von der Anwendung von HGB-Vorschriften zur Rechnungslegung befreit ist; die Segmentierungspflicht besteht auch in diesen Fällen, erstreckt sich aber nicht auf die externe Publizität. Die genannten EnWG-Regelungen setzen insoweit – ggf. in Verbindung mit §§ 9 Abs. 1 und 9a Abs. 1 EnWG – eine Verpflichtung zur externen Rechnungslegung voraus, begründen diese aber nicht.

1.2 Begriffsapparat der Energiebinnenmarkt-Richtlinien

Beide Energiebinnenmarkt-Richtlinien enthalten – neben einer ausführlichen Präambel mit Erwägungsgründen – jeweils in ihrem Art. 2 umfängliche Übersichten darüber, was unter den in den Texten verwendeten Ausdrücken zu verstehen ist. Der deutsche Gesetzgeber hat dies bei der Transformation im Wesentlichen nicht übernommen[6]; die Erläuterungen sind aber sicherlich hilfreich und seien hier auszugsweise in synoptischer Gegenüberstellung wiedergegeben.

Elektrizitätsbinnenmarkt-Richtlinie	**Erdgasbinnenmarkt-Richtlinie**
Präambel (Erwägungsgründe) (32) Die Rechnungslegung aller integrierten Elektrizitätsunternehmen muß ein Höchstmaß an Transparenz aufweisen, insbesondere im Hinblick auf die Feststellung von möglichen mißbräuchlichen Ausnutzungen einer marktbeherrschenden Stellung, die zum Beispiel in anomal hohen oder niedrigen Tarifen oder in der Anwendung unterschiedlicher Bedingungen bei gleichwertigen Leistungen bestehen können. Hierfür muß die Rechnungslegung für jede Aktivität getrennt erfolgen.	**Präambel** (Erwägungsgründe) (22) Die Buchführung aller integrierten Erdgasunternehmen muß ein hohes Maß an Transparenz aufweisen. Die Buchführung muß für die einzelnen Aktivitäten getrennt erfolgen, falls dies erforderlich ist, um Diskriminierungen, Quersubventionen und andere Wettbewerbsverzerrungen zu vermeiden, wobei gegebenenfalls zu berücksichtigen ist, dass für die Zwecke der Buchführung die Fernleitung die Wiederverdampfung einschließt. Für juristische Personen, wie etwa Börsen oder Terminbörsen, die außer dieser Handelsfunktion keine der Funktionen von Erdgasun-

6 S. aber die ergänzenden Hinweise in § 2 Abs. 3 EnWG für die Gasversorgung (vgl. auch Abschn. 2.3).

	ternehmen wahrnehmen, sollte keine getrennte Buchführung vorgeschrieben werden. Eine integrierte Buchführung für die Gewinnung von Kohlenwasserstoffen und damit verbundene Tätigkeiten kann als Teil der in der vorliegenden Richtlinie vorgeschriebenen Buchführung für Tätigkeiten außerhalb des Erdgassektors erfolgen. Die in Artikel 23 Absatz 3 genannten einschlägigen Informationen umfassen gegebenenfalls Informationen über die Buchführung in bezug auf vorgelagerte Rohrleitungen.
Artikel 2	**Artikel 2**
Im Sinne dieser Richtlinie bezeichnet der Ausdruck	Im Sinne dieser Richtlinie bezeichnet der Ausdruck
	1. „Erdgasunternehmen" eine natürliche oder juristische Person, die von den Funktionen Gewinnung, Fernleitung, Verteilung, Lieferung, Kauf oder Speicherung von Erdgas, einschließlich verflüssigtes Erdgas, mindestens eine wahrnimmt und die kommerzielle, technische und/oder wartungsbezogene Aufgaben im Zusammenhang mit diesen Funktionen wahrnimmt, mit Ausnahme der Endverbraucher;
	2. „vorgelagertes Rohrleitungsnetz" Rohrleitungen oder ein Netz von Rohrleitungen, deren Betrieb und/oder Bau Teil eines Öl- oder Gasgewinnungsvorhabens ist oder die dazu verwendet werden, Erdgas von einem oder mehreren solcher Vorhaben zu einer Aufbereitungsanlage, zu einem Terminal oder zu einem an der Küste gelegenen Endanlandeterminal zu leiten;
1. „Erzeugung" die Produktion von Elektrizität;	(s. Nr. 22 der Präambel)
5. „Übertragung" den Transport von Elektrizität über ein Hochspannungsverbundnetz zum Zwecke der Stromversorgung von Endverbrauchern oder Verteilern;	3. „Fernleitung" den Transport von Erdgas durch ein Hochdruckfernleitungsnetz, mit Ausnahme von vorgelagerten Rohrleitungsnetzen, im Hinblick auf die Versorgung von Kunden;
6. „Verteilung" den Transport von Elektrizität mit mittlerer oder niedriger Spannung über Verteilernetze zum Zwecke der Stromversorgung von Kunden;	5. „Verteilung" den Transport von Erdgas über örtliche oder regionale Leitungsnetze im Hinblick auf die Versorgung von Kunden;
	9. „Speicheranlage" eine einem Erdgasunternehmen gehörende und/oder von ihm betriebene Anlage zur Speicherung von Erdgas, mit Ausnahme des Teils, der für eine Gewinnungstätigkeit genutzt wird;
16. „Versorgung" die Lieferung und/oder den Verkauf von Elektrizität an Kunden;	7. „Versorgung" die Lieferung und/oder den Verkauf von Erdgas, einschließlich verflüssigtes Erdgas, an Kunden;

17. „integriertes Elektrizitätsunternehmen" ein vertikal oder horizontal integriertes Elektrizitätsunternehmen;	15. „integriertes Erdgasunternehmen" ein vertikal oder horizontal integriertes Unternehmen;
18. „vertikal integriertes Elektrizitätsunternehmen" ein Elektrizitätsunternehmen, das mindestens zwei der folgenden Funktionen wahrnimmt: Erzeugung, Übertragung oder Verteilung von Elektrizität;	16. „vertikal integriertes Unternehmen" ein Erdgasunternehmen, das mindestens zwei der folgenden Funktionen wahrnimmt: Gewinnung, Fernleitung, Verteilung, Lieferung oder Speicherung von Erdgas;
19. „horizontal integriertes Elektrizitätsunternehmen" ein Elektrizitätsunternehmen, das von den Funktionen kommerzielle Erzeugung, Übertragung oder Verteilung von Elektrizität mindestens eine wahrnimmt und das außerdem eine weitere Tätigkeit außerhalb des Elektrizitätsbereichs ausübt.	17. „horizontal integriertes Unternehmen" ein Unternehmen, das von den Funktionen Gewinnung, Fernleitung, Verteilung, Lieferung oder Speicherung von Erdgas mindestens eine wahrnimmt und außerdem eine weitere Tätigkeit außerhalb des Gasbereichs ausübt.

Diese Übersicht macht deutlich, dass eine gewisse, aber nicht vollständige Analogie der Begriffe besteht. Abweichungen sind z.T., aber nicht in allen Fällen durch die Besonderheiten der Wirtschaftszweige bedingt.

1.3 Erstmalige Anwendung der Segmentierungsregelungen

Das neue Energiewirtschaftsrecht mit der Umsetzung der Elektrizitätsbinnenmarkt-Richtlinie trat am Tage nach der Verkündung in Kraft (also am 29.04.98). Für die Trennung im Rechnungswesen und in der Rechnungslegung der betroffenen Unternehmen nach § 9 EnWG war dies im Sinne einer erstmals zwingenden Anwendung auf nach der Verkündung beginnende Geschäfts-/Wirtschaftsjahre zu interpretieren (so bestätigt durch Schreiben des Bundesministeriums für Wirtschaft vom 06.05.98, Az.: III B 1 - 105108 -). Für die Umsetzung der Erdgasbinnenmarkt-Richtlinie durch das Änderungsgesetz vom 20.05.2003, verkündet am 23.05.2003, in Kraft getreten am 24.05.2003 wird die Frage nach der erstmals zwingenden Anwendung analog zu beantworten sein.

1.4 Organisatorische Entflechtung innerhalb der betroffenen Unternehmen

Eine Organisation entsprechend den rechnungsmäßig gesondert nachzuweisenden Aktivitäten ist derzeit nicht vorgeschrieben[7]. Das Energiewirtschaftsgesetz enthält zwei Vorgaben für organisatorische Trennungen für Elektrizitätsversorgungsunternehmen:

(1) Nach § 4 Abs. 4 EnWG ist das Übertragungsnetz als eigene Betriebsabteilung, getrennt von Erzeugung und Verteilung sowie von den übrigen Tätigkeiten, die nicht mit ihnen zusammenhängen, zu führen.

(2) Nach § 7 Abs. 4 EnWG sind die Tätigkeiten des Alleinabnehmerbereichs (Netzzugangsalternative) getrennt von der Erzeugungs- und Verteilungstätigkeit zu verwalten. Informationen – soweit sie nicht für die Erfüllung der Aufgaben in Alleinabnehmerfällen erforderlich sind – dürfen nicht zwischen dem Alleinabnehmerbereich und den Erzeugungs- und Verteilungsaktivitäten vermittelt werden. Allerdings ist das Alleinabnehmersystem praktisch nicht relevant geworden, u.a. weil die damit verbundenen umsatzsteuerlichen Probleme nicht gelöst werden konnten[8].

Diese Regelungen haben keinen direkten Bezug zur Segmentierung nach § 9 Abs. 2 EnWG. Insbesondere macht § 7 Abs. 4 EnWG den Alleinabnehmerbereich nicht zu einer als Segment nachzuweisenden Aktivität im Sinne des § 9 Abs. 2 EnWG[9].

Eine andere – hier nicht zu behandelnde – Frage ist es, ob, in welcher Weise und in welchem Maße die interne Organisation (etwa nach Ergebnis- und Kostenzentren) von den neuen Rechnungslegungsvorschriften beeinflusst wird.

---

7 Zu möglichen künftigen Entwicklungen s. den Ausblick in Abschn. 7 dieser Schrift.

8 VKU-Nachrichtendienst Nr. 625, Januar 2001, S. 3.

9 Im Übrigen sei verwiesen auf: VKU Verband kommunaler Unternehmen e.V., Organisatorische Entflechtung nach §§ 4 und 7 Energiewirtschaftsgesetz, Anlage zum VKU-Nachrichtendienst, Folge 599, November 1998. Der Entwurf für einen IDW-Rechnungslegungsstandard IDW ERS ÖFA 2 hält die Führung getrennter Konten im Sinne des § 9 Abs. 2 S. 3 EnWG dagegen für geboten.

1.5 Prüfungspflicht

§ 9 Abs. 1 EnWG stellt die Elektrizitätsversorgungsunternehmen der allgemeinen Versorgung – ähnlich auch der Wortlaut des § 9a Abs. 1 EnWG für die Gasversorgungsunternehmen –, auch wenn sie nicht als Kapitalgesellschaften betrieben werden, hinsichtlich der Pflicht zur Erstellung von Jahresabschlüssen und zur Prüfungspflicht von Jahresabschlüssen mit den Kapitalgesellschaften gleich, für die die Vorschriften des Ersten und Dritten Unterabschnitts des Zweiten Abschnitts des Dritten Buchs des Handelsgesetzbuchs gelten.

Wenn Unternehmen nach anderen Vorschriften, die mindestens gleichwertige Anforderungen stellen, rechnungslegungs- und prüfungspflichtig sind, kann aus den genannten Vorschriften des EnWG nicht gefolgert werden, dass sie nunmehr stattdessen dem HGB unterworfen werden; hierbei ist insbesondere an die kommunalen Eigenbetriebe zu denken, die nach wie vor dem Kommunalrecht zur Rechnungslegung und Prüfung unterliegen, und zwar auch hinsichtlich der Auswahl der Abschlussprüfer. §§ 9 Abs. 1 und 9a Abs. 1 EnWG schließen lediglich etwaige Lücken der einschlägigen Gesetzgebung.

Soweit kommunale Unternehmen, die nach § 267 Abs. 1 HGB kleine Unternehmen wären, bereits prüfungspflichtig sind, bleibt es auch künftig bei dieser Prüfungspflicht. Für andere Fälle ist davon auszugehen, dass die Neuregelungen des Energiewirtschaftsgesetzes kleine Unternehmen nach den Größenmerkmalen des § 267 Abs. 1 HGB nicht prüfungspflichtig machen; maßgebend ist die Größe des Unternehmens, ggf. auch eines Querverbundunternehmens, nicht etwa die einer Sparte oder Aktivität.

Elektrizitätsversorgungsunternehmen müssen – anders als die Gasversorgungsunternehmen – die Aktivitätenabschlüsse (Segmentrechnungen) sowie die Erläuterungen hierzu in den Anhang ihres Jahresabschlusses aufnehmen (§ 9 Abs. 2 und 3 EnWG); damit erstreckt sich die Prüfung des Jahresabschlusses gem. § 316 HGB auch auf diese Rechnungen und Informationen. Etwaige Beanstandungen können sich bei entsprechendem Gewicht auch auf den Bestätigungsvermerk auswirken.

Bei Gasversorgungsunternehmen sind die Aktivitätenabschlüsse (Segmentrechnungen) und die Erläuterungen hierzu Teile der internen Buchführung (§ 9a Abs. 2 und 3 EnWG), nicht also des Jahresabschlusses. Eine Prüfungspflicht könnte sich also u.U. aus § 317 Abs. 1 S. 1 HGB ergeben, wonach in die Prüfung des Jahresabschlusses die Buchführung einzubeziehen ist. Hierzu gehören nach herrschender Auffassung zwar die Finanzbuchhaltung und Nebenbuchhaltungen (z.B. Anlagen- und Lohn- und Gehaltsbuchhaltung), andere Teile der Buchhaltung jedoch nur, soweit sie Grundlagen für den Jahresabschluss bilden/dem Jahresabschluss zugrunde liegen[10] (z.B. Teile der Kostenrechnung für die Bewertung). Dies ist bei den Segmentrechnungen nicht der Fall, so dass eine Prüfungspflicht nicht aus § 317 Abs. 1 S. 1 HGB hergeleitet werden kann[11]. Bei schwerwiegenden Rechtsverstößen – Nichtbeachtung von § 9a Abs. 2 und 3 EnWG, grobe Unrichtigkeiten – kann aber die Redepflicht des Abschlussprüfers gem. § 321 Abs. 1 S. 3 HGB eingreifen.

Die sonstigen Anhangangaben – §§ 9 Abs. 4 und 9a Abs. 4 EnWG – sind als Teile des Jahresabschlusses Gegenstand der Abschlussprüfung.

Falls sich der Prüfungsauftrag auch auf die Ordnungsmäßigkeit der Geschäftsführung erstreckt, gehört die Beachtung der Vorschriften über die Segmentrechnungslegung sicherlich zu den prüfungs- und berichtspflichtigen Verpflichtungen der Geschäftsführung, so dass sich – insbesondere also bei öffentlichen Unternehmen – für den Abschlussprüfer hieraus eine ergänzende Pflicht im Rahmen seines insofern erweiterten Prüfungsauftrages ergibt. Für die Berichterstattung hierüber sei auf den Fragenkatalog des IDW-Prüfungsstandards IDW PS 720[12] verwiesen (Fragenkreis 5: Rechnungswesen, Informationssystem und Controlling).

---

10 Adler/Düring/Schmaltz, Rechnungslegung und Prüfung der Unternehmen, 6. Aufl., Stuttgart 1994 ff., Tz 16 zu § 317; Förschle/Küster in Beck Bil-Komm., 5. Aufl. München 2003, Anm. 5 zu § 317; Wirtschaftsprüfer-Handbuch 2000, Bd. I, S. 1696.

11 Nach IDW-Auffassung hat der Abschlussprüfer dennoch „zu beurteilen, ob eine ordnungsmäßige Entflechtung vorgenommen und die getroffenen Regelungen ausreichend erläutert wurden oder ob ggf. aufgrund von Verstößen gegen die Ordnungsmäßigkeit der Buchführung Konsequenzen für den Bestätigungsvermerk zu ziehen sind“. S. hierzu Entwurf für einen IDW-Prüfungsstandard: Prüfung von Energieversorgungsunternehmen (IDW EPS 610, WPg 2001, S. 1492 ff. (hier S. 1494).

12 IDW PS 720: Fragenkatalog zur Prüfung der Ordnungsmäßigkeit der Geschäftsführung und der wirtschaftlichen Verhältnisse nach § 53 HGrG

2 Definition/Abgrenzung der zu segmentierenden Aktivitäten

2.1 Allgemeines

Die in Abschn. 1 dargestellten rechtlichen Bestimmungen fordern die vollständige Segmentierung von Bilanz sowie Gewinn- und Verlustrechnung für die Strom- und für die Gasversorgung nach vorgegebenen Kriterien. Die danach zu entbündelnden Aktivitäten/Tätigkeiten[13] werden in den Energiebinnenmarkt-Richtlinien wie folgt unterschieden:

Elektrizitäts-versorgung	(Art. 14 i.V. mit Art. 2 der Elektrizitätsbinnenmarkt-Richtlinie)
Erzeugung	Produktion von Elektrizität;
Übertragung	Transport von Elektrizität über ein Hochspannungsverbundnetz zum Zwecke der Stromversorgung von Endverbrauchern oder Verteilern;
Verteilung	Transport von Elektrizität mit mittlerer oder niedriger Spannung über Verteilernetze zum Zwecke der Stromversorgung von Kunden. Art. 13 Abs. 3 der Richtlinie sieht für den Fall des Art. 16 (geregelter Netzzugang) die Möglichkeit der Zusammenfassung von Fernleitung und Verteilung vor. Dies dürfte nicht relevant werden, weil mit dem Modell des verhandelten Netzzugangs zu rechnen ist.
Erdgas-versorgung	(Art. 13 i.V. mit Art. 2 der Erdgasbinnenmarkt-Richtlinie)
Fernleitung	Transport von Erdgas durch ein Hochdruckfernleitungsnetz, mit Ausnahme von vorgelagerten Rohrleitungsnetzen, im Hinblick auf die Versorgung von Kunden;
Verteilung	Transport von aufbereitetem Erdgas über örtliche oder regionale Leitungsnetze im Hinblick auf die Versorgung von Kunden;

---

13 Mit den Termini „Aktivität" lt. Elektrizitätsbinnenmarkt-Richtlinie und „Tätigkeit" lt. Erdgasbinnenmarkt-Richtlinie dürften keine unterschiedlichen Begriffe verbunden sein; dies bestätigt der Textvergleich mit Richtlinien-Fassungen in anderen Sprachen. Die Texte im Rahmen der deutschen Transformation sprechen einheitlich von Aktivitäten.

Speicheranlage	eine einem Erdgasunternehmen gehörende und/oder von ihm betriebene Anlage zur Speicherung von Erdgas, mit Ausnahme des Teils, der für eine Gewinnungstätigkeit genutzt wird. Definiert ist hier also nicht die Funktion oder Aktivität, sondern die Anlage. Zweifels- und Abgrenzungsfragen ergeben sich bei – Speicherung in fremden Anlagen („Lohnspeicherung") – Speicherung im Leitungsnetz

Sonstige Aktivitäten sind nicht definiert; sie umfassen folglich alle anderen Aktivitäten außerhalb der Elektrizitäts- bzw. der Erdgasversorgung. Auch ein Ein-Sparten-Unternehmen kann „sonstige Aktivitäten" haben (Nebengeschäfte, die als gesonderte Aktivität verstanden und behandelt werden). §§ 9 Abs. 2 S. 2 und 9a Abs. 2 S. 2 EnWG erwähnen die sonstigen Aktivitäten jeweils als zusammengefasste Aktivitäten; weitere Segmentierung ist also nicht vorgeschrieben.

Den durch Segmentierung (Entflechtung, Entbündelung, „unbundling") rechnungsmäßig aufzulösenden Verbund verdeutlicht das folgende Schaubild (Beispiel Elektrizitätsversorgung):

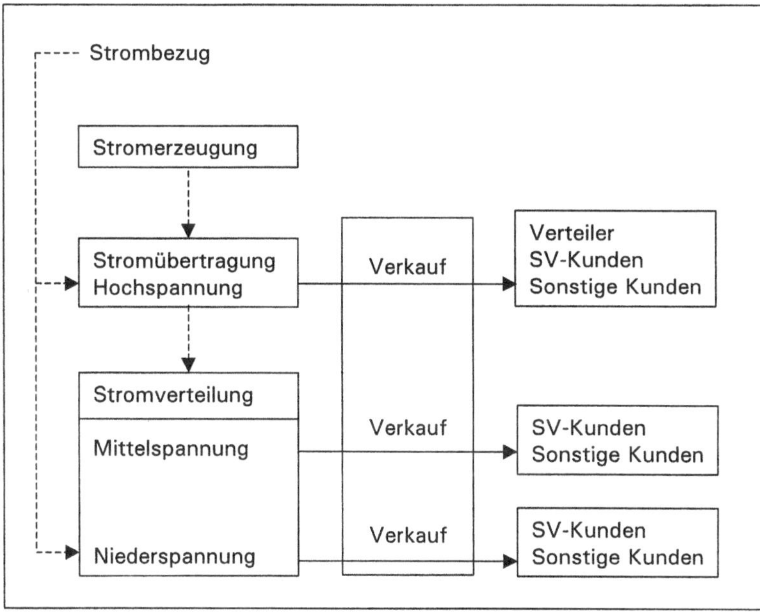

Abb. 1 Segmentierung der Elektrizitätsversorgung

Für die Gasversorgung stellt sich dies entsprechend wie folgt dar:

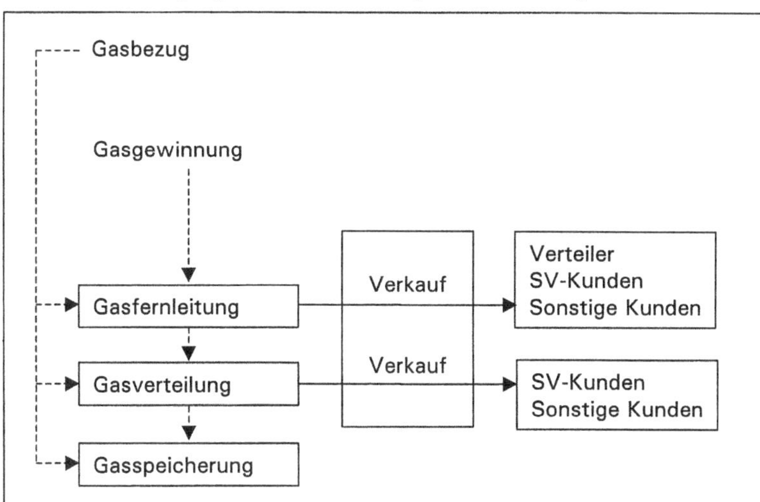

Abb. 2 Segmentierung der Gasversorgung

Die oben dargestellten Begriffe nach den Richtlinien-Erläuterungen erscheinen technisch-physikalisch ausreichend umschrieben; Spannungsebenen bzw. Druckstufen sind allerdings nicht quantifiziert gegeneinander abgegrenzt. Bei der Abgrenzung der einzelnen Aktivitäten stellen sich weitere Fragen, weil die Begriffe wirtschaftlich nicht eindeutig festgelegt sind; im Folgenden werden die Abgrenzungsprobleme sowie Lösungsvorschläge für die Elektrizitätsversorgung und die Gasversorgung gesondert dargestellt.

2.2 Aktivitäten der Elektrizitätsversorgung

(1) Erzeugung

Unter Erzeugung von Strom versteht man nach den Begriffsbestimmungen in der Energiewirtschaft „die in einer Zeitspanne tatsächlich erzeugte elektrische Arbeit". Dabei wird nach Herkunft der Energie wie folgt unterschieden:

Primärerzeugung: Die Stromerzeugung aus fossilen Brennstoffen, Kernbrennstoffen, Erdwärme sowie aus natürlichem Zufluss in Laufwasser-, Speicher- und Gezeitenkraftwerken sowie aus anderen erneuerbaren Energien.

Sekundärerzeugung: Die Stromerzeugung aus gespeicherter Energie, die zu anderer Zeit aus elektrischer Energie gewonnen wurde (z.B. Erzeugung in Pumpspeicherkraftwerken).

Daneben kann – rechtlich-wirtschaftlich – auch danach unterschieden werden, ob die Energie in eigenen Kraftwerken erzeugt (Eigenerzeugung) oder von Beteiligungsgesellschaften (sog. Vertragserzeugung) oder anderen Dritten bezogen wurde, weiter auch danach, ob die Erzeugung den Haupt- oder Nebenzweck der Tätigkeit darstellt.

Die technischen Wege der Elektrizitätserzeugung – physikalisch ist Energiegewinnung stets Energieumwandlung – können nach den eingesetzten Primärenergien wie folgt unterteilt werden:

Mechanische Energien
(Umwandlung mit Hilfe von Turbinen und Rädern)

- Wasserkraftwerke
- Windkraftwerke

In physischen Primärenergieträgern (Kohle, Öl, Gas, Uran) gespeicherte Energien (Umwandlung mit Hilfe von Wärmekraftwerken)

- Dampfkraftwerke auf fossiler Basis
  - Kombikraftwerke
  - Gas- und Dampfturbinenkraftwerke
  - Kraft-Wärme-Kopplung
- Kernenergiekraftwerke

Sonnenenergie
(Umwandlung mit Hilfe der Photovoltaik)

Die Richtlinie enthält keine weiteren Erläuterungen zur Abgrenzung der in dieser Aktivität zu erfassenden Tätigkeiten. Nach der von uns vertretenen Auffassung[14] ist unter Erzeugung aus der Sicht eines integrierten Elektrizitätsunternehmens jede Umwandlung von Primärenergie in elektrische Energie zu verstehen. Dabei ist es unerheblich, ob der Strom in eigenen oder in fremden Unternehmen, an denen das Stromversorgungsunternehmen kapitalmäßig wesentlich beteiligt ist, hergestellt wird (wirtschaftliche Betrachtungsweise). Dies gilt u.E. z.B. für die Fälle der Erzeugung in rechtlich verselbstständigten Tochterunternehmen (Vertragserzeugung), auch bei der Beteiligung mehrerer Unternehmen an einem Gemeinschaftskraftwerk; ähnlich sind auch Fälle von Fonds-Konstruktionen (z.B. Kraftwerksbetrieb in der Form einer GmbH & Co. KG) zu sehen. Bezug von anderen Lieferanten ist jedoch nicht (Vertrags-)Erzeugung.

Die Frage der Zuordnung der Vertragserzeugung ist umstritten. So vertritt insbesondere das Institut der Wirtschaftsprüfer (IDW)[15] die Auffassung, dass die Vertragserzeugung nicht der Aktivität Erzeugung zuzurechnen ist, sondern – dann wohl nur zu-

---

14 In Übereinstimmung mit der Meinung von VKU (vgl. Entflechtung ..., a.a.O., S. 4f.) und VDEW (vgl. Unbundling ..., a.a.O., S. 39).

15 Vgl. IDW ERS ÖFA 2, Tz 13.

sammen mit dem korrespondierenden Stromverkauf – als eine weitere Aktivität innerhalb des Elektrizitätsbereiches anzusehen ist[16].

Alle Fälle der Stromerzeugung (auch z.B. in Notstromaggregaten, Anlagen zur Nutzung regenerativer Energien) sind begrifflich der Erzeugungsaktivität zuzuordnen. Allerdings dürfte in einer Vielzahl der Fälle der Grundsatz der Wesentlichkeit eine andere Handhabung rechtfertigen (vgl. Abschn. 2.1); so werden z.B. unbedeutende Windkraftanlagen, kleinere Laufwasserkraftwerke, Erzeugung in Notstromaggregaten u.ä. für sich allein noch keine eigenständige Erzeugungsaktivität begründen.

Bei Kuppelproduktion (Kraft-Wärme-Kopplung – KWK) ist – an Stelle einer quotalen und dann künftig auch von Periode zu Periode wechselnden Aufteilung – zweckmäßig danach zu unterscheiden, ob der hergestellte Strom das Haupt- oder nur ein Nebenprodukt (in diesem Fall wäre die erzeugte Wärme das Hauptprodukt) ist. Eine Zuordnung zur Erzeugungsaktivität der Stromversorgung ist u.E. nur geboten, wenn die elektrische Arbeit das Hauptprodukt ist (stromgeführte KWK-Anlage). Bei wärmegeführter Energieerzeugung empfiehlt sich der vollständige Ausweis dieser Tätigkeit bei der Fernwärmeversorgung und damit innerhalb der sonstigen Aktivitäten. Der innerbetriebliche Bezug von der Fernwärmesparte ist – über die innerbetriebliche Leistungsverrechnung – wie ein Fremdbezug zu erfassen und einzuordnen. Bei einer stromgeführten KWK-Anlage hat die Elektrizitätssparte eine (Strom-)Erzeugungsaktivität und (innerbetriebliche) Umsatzerlöse aus Wärmeverkauf.

16 Dennoch hat dies für das IDW anscheinend nur nachrangige Bedeutung. Das IDW hält es für vertretbar, den Bezug und den Verkauf von Elektrizität der Aktivität Erzeugung zuzuordnen, da die (vorrangige) korrekte Abbildung der Transportfunktion bei diesem Vorgehen nicht beeinträchtigt ist. „Bei wesentlichen Beträgen sind bei diesem Ausweis ergänzende Angaben im Anhang erforderlich." S. IDW ERS ÖFA 2; Tz 13.

Eine quotale Aufteilung einer KWK-Anlage im Anlagevermögen der einzelnen Sparten mit entsprechender Zuordnung der Aufwendungen und Erträge (in diesem Falle dann ohne das Erfordernis einer innerbetrieblichen Leistungsverrechnung) erscheint uns weniger sachgerecht und wäre auch mit vermeidbaren Komplizierungen verbunden[17] [18].

(2) Übertragung

Der Transport elektrischer Energie findet über Übertragungs- und Verteilungsnetze statt. Beide Begriffe sind weder technisch-physikalisch noch wirtschaftlich völlig eindeutig und deshalb interpretationsbedürftig. Nach den Begriffsbestimmungen in der Energiewirtschaft wird „... vom Übertragungsnetz elektrische Energie zu nachgeordneten Verteilungsnetzen übertragen; ... ein Verteilungsnetz dient innerhalb einer begrenzten Region der Verteilung elektrischer Energie zur Speisung von Umspannanlagen (Hoch-/Mittelspannung), Netzstationen und Abnehmeranlagen."

Abgrenzungsmerkmal der Elektrizitätsbinnenmarkt-Richtlinie zwischen diesen beiden Begriffen ist demgegenüber die Spannungsebene (Hochspannungsverbundnetz bzw. mittlere oder niedere Spannung), über die die Kunden versorgt werden. Netztechnische Funktionen werden nur mit der Begriffskomponente „-verbund-" berücksichtigt.

Als Schwellenwert für die Abgrenzung zwischen Übertragung und Verteilung wird derzeit überwiegend eine Spannungsstufe von 110 kV diskutiert. Dieser Wert erscheint praktikabel. Allerdings dürfte nicht zwingend sein, dass die Abgrenzung zwischen den Spannungsstufen unternehmensübergreifend einheitlich festgelegt wird.

Zudem sind auch funktionale Aspekte zu berücksichtigen. Nicht jede 110-kV-Leitung hat Verbundfunktion. Man kann wie folgt unterscheiden:

---

17 Nach IDW ERS ÖFA 2, Tz 4, ist gemeinsam genutztes Anlagevermögen sachgerecht zu schlüsseln. U.E. steht dies der hier empfohlenen Behandlung von Anlagen für eine Kuppelproduktion nicht entgegen.

18 Ein differenziertes Kostenaufteilungsverfahren (das auch der Verteilung der Aufwendungen dienen soll) schlägt Brenzke vor; s. Dieter Brenzke, Neuansatz für ein Kostenaufteilungsverfahren zwischen thermischer und elektrischer Energie bei Kraft-Wärme-Kopplung – ein möglicher Teilansatz auch für das „Unbundling", in: ZögU 2001, S. 123. Brenzke geht nicht auf die Frage der

- 220/380-kV-Netze sind i.d.R. Übertragungsnetze.
- Bei 110-kV-Leitungen ist zu differenzieren:
  - Verbindungsleitungen zwischen Erzeugungsanlagen und Verteilungsnetzen oder auch zwischen verschiedenen Verteilungsnetzen dienen der Übertragung.
  - 110-kV-Leitungen innerhalb eines Verteilungsnetzes sind Teil des Verteilungsnetzes, auch wenn nicht unmittelbar aus der 110-kV-Leitung end-versorgt wird.
- Leitungen niedrigerer Spannungsebenen haben i.d.R. keine Übertragungsfunktion, sondern dienen der Verteilung. Anderes kann gelten, wenn etwa auf mittlerer Spannungsebene in ein Verteilungsnetz eingespeist wird.

Dass im konkreten Falle ein Energiefluss vom Bezug/von der Erzeugung alle Spannungsebenen durchläuft, erfordert nicht eine entsprechende Aufwand-/Ertragsverrechnung zwischen den einzelnen Aktivitäten für die transportierte Energie. Übertragungs-/Verteilungsleistungen können und sollten auch als reine Infrastrukturleistungen (Netzbetrieb, Transportfunktion) ohne Händlerfunktion verstanden werden (s. hierzu die gleich folgenden „Anmerkungen“).

(3) Verteilung

Nach den Erläuterungen der Elektrizitätsbinnenmarkt-Richtlinie bezeichnet die Aktivität Verteilung den Stromtransport über Mittel- und Niederspannungsnetze zum Zwecke der Kundenversorgung; sie hat keine Verbundfunktion. Verteilungsnetze dienen (nur) der Endversorgung von (Sondervertrags- oder Tarif-)Kunden. Insofern sind die Aktivitäten Übertragung und Verteilung also komplementär zu definieren.

Anmerkungen zu den Aktivitäten Übertragung und Verteilung:

Umstritten ist, ob die Aktivitäten Übertragung und Verteilung lediglich den Stromtransport oder auch den Aufwand für Energiebeschaffung und den Ertrag aus dem Verkauf von Energie umfassen. Die Aktivitäten Übertragung und Verteilung – als Netzbetrieb verstanden – sollen nach einer über den Wortlaut des Richtlinien- und Gesetzestextes hinausgehenden Interpretation ausschließlich die jeweiligen Netze

---

Aufteilung des gemeinsam genutzten Anlagevermögens, also auf das Erfordernis der korrespondierenden Segmentierung von Bilanz- und GuV-Größen ein.

gegen (externes oder internes) Entgelt zur Verfügung stellen; Beschaffung und Verkauf von Energie sind dann als weitere, gesonderte Aktivität innerhalb des Elektrizitätsbereichs zu betrachten (in den Abb. 1 und 2 als Verkauf bezeichnet).

Dies ist betriebswirtschaftlich sinnvoll, wird aber vom Richtlinientext und von § 9 Abs. 2 EnWG nicht gefordert[19]. Anders sieht es für die Gasversorgung aus (vgl. hierzu Abschn. 2.3); hier sieht § 9a Abs. 2 S. 1 EnWG vor, dass die Gasaktivitäten Fernleitung, Verteilung und Speicherung von den „Gashandels- und -vertriebsaktivitäten" getrennt zu führen sind[20].

Rechtlich erscheint es also vertretbar, den Aktivitäten Übertragung und Verteilung auch Händlerfunktionen zuzuerkennen, wie dies auch bei selbstständigen Unternehmen – der Richtlinientext spricht von separaten Firmen – möglich wäre; die so verstandenen Aktivitäten wären abgegrenzte Unternehmensbereiche (auch im Sinne von Ergebnis-Zentren), denen neben den betrieblich-technischen Netzfunktionen auch Vertriebs- und Verwaltungsfunktionen zugerechnet werden können. Im Übrigen kann auch von einem Kraftwerk (Aktivität Erzeugung) Energie unmittelbar an Dritte geliefert werden, so dass also auch die Aktivität Erzeugung Erlöse aus Außenumsätzen haben kann.

Obwohl ein Zwang, über den Wortlaut der amtlichen Texte hinauszugehen, nicht erkennbar ist, ist es betriebswirtschaftlich für die interne Überwachung sinnvoll und für die nach außen gerichtete Segmentierung nach Aktivitäten vertretbar, die Aktivitäten Übertragung und Verteilung als reinen Netzbetrieb zu interpretieren und freizuhalten von innerbetrieblichen Strompreisverrechnungen und externen Stromerlösen. Das führt dann zum Nachweis – ggf. auch zum Ausweis – einer vierten (Δ-)Aktivität inner-

---

19 Der ÖFA des IDW ist der Auffassung, dass sich die Begrenzung der Aktivitäten Übertragung und Verteilung auf die reine Netzfunktion bei teleologischer Interpretation aus dem Richtlinientext („zur Vermeidung von Diskriminierungen, Quersubventionen und Wettbewerbsverzerrungen ...") sowie aus der gesonderten Erläuterung der Funktion "Versorgung" herleiten lässt; IDW ERS ÖFA 2, Tz 12.

20 Diese unterschiedliche Formulierung rechtfertigt den juristischen Umkehrschluss, wonach für die Elektrizitätsversorgung eben keine gesonderte Vertriebsaktivität gefordert wird; so wohl auch Ebeling, Michael, u.a., Möglichkeiten der Kontentrennung für die Rechnungslegung nach §§ 9, 9a EnWG, Versorgungswirtschaft 2001, S. 77 ff., die zum Schluss kommen, dass § 9a Abs. 2 S. 1 EnWG gewährleistet, dass „im Gegensatz zum Elektrizitätsbereich" die Handels- und Vertriebsaktivitäten auf keinen Fall in den Netzbereichen dargestellt werden dürfen, sondern separat auszuweisen sind oder als Residualgröße verbleiben.

halb der Sparte Elektrizitätsversorgung. Die Erweiterung der in § 9 Abs. 2 EnWG aufgeführten Aktivitäten um eine solche vierte (Δ-)Aktivität erhöht die Aussagefähigkeit der Segmentabschlüsse; sie wäre selbstverständlich auch für externe Bilanzadressaten aussagefähig.

Im Hinblick auf einen Vorschlag[21] für eine Richtlinie des Europäischen Parlaments und des Rates zur Änderung der Elektrizitätsbinnenmarkt-Richtlinie und der Erdgasbinnenmarkt-Richtlinie wird diese vierte (Δ-)Aktivität zumindest nach Transformation einer solchen Änderungsrichtlinie auch für die Elektrizitätsversorgung abgebildet werden müssen. Die Auffassung bestimmter Unternehmen, dass eine getrennte Buchführung für Verteiler- und Versorgungsaktivitäten überflüssig ist, hält die Kommission „für irrig und unvereinbar mit dem Wortlaut und der Zielsetzung dieser Bestimmung, insbesondere der Sicherstellung von Transparenz und effektiver Regulierung". Die juristische Frage, ob die vorgeschlagenen Änderungen klarstellende oder konstitutive Bedeutung haben werden, bleibt u.E. allerdings offen.

Aufwendungen und Erträge aus dem Alleinabnehmergeschäft sind für Segmentierungszwecke so zu behandeln wie andere Aufwendungen für Energiebeschaffung und Erträge aus Energieverkauf. Das Alleinabnehmermodell ist keine Durchleitungsvariante, sondern eine Netzzugangsalternative (§ 7 EnWG). Keinesfalls verlangt das Gesetz – auch nicht über § 7 Abs. 4 EnWG –, das Alleinabnehmergeschäft als eine Aktivität im Sinne von § 9 Abs. 2 EnWG zu behandeln[22]. Das Alleinabnehmermodell hat sich jedoch wegen einiger Komplikationen (insbesondere umsatzsteuerlicher Art) in der Praxis nicht durchgesetzt[23].

---

21 Kommission der Europäischen Gemeinschaften, Mitteilung der Kommission an den Rat und das Europäische Parlament vom 13.03.2001. Der Vorschlag regt Änderungen von Art. 14 Abs. 3 der Elektrizitätsbinnenmarkt-Richtlinie und von Art. 13 Abs. 3 der Erdgasbinnenmarkt-Richtlinie an, nach denen die „Versorgung" als Bereich (Segment) gesondert darzustellen ist. Dieser Vorschlag ist eingegangen in den Geänderten Vorschlag für eine Richtlinie des Europäischen Parlaments und des Rates zur Änderung der Richtlinien 96/92/EG und 98/39/EG über Vorschriften für den Elektrizitätsbinnenmarkt und den Erdgasbinnenmarkt vom 7.6.2002.

22 IDW ERS ÖFA 2 empfiehlt bei wesentlicher Alleinabnehmertätigkeit eine gesonderte Bilanz und GuV-Rechnung.

23 S. hierzu VKU-Nachrichtendienst Nr. 625, Januar 2001, S.3/4.

2.3 Aktivitäten der Erdgasversorgung

Im Gegensatz zur Stromversorgung, in der die Erzeugung großes Gewicht in der Praxis hat, ist für Erdgasunternehmen – die in der Bundesrepublik überwiegend über keine eigene Gewinnung verfügen – kein gesonderter Nachweis eines Segmentes Gewinnung gefordert. Ergänzend kann wiederum auf Nr. (22) der Präambel zurückgegriffen werden, wonach eine integrierte Buchführung für die „Gewinnung von Kohlenwasserstoffen“[24] und damit verbundene Tätigkeiten als Teil der Buchführung (des vorgeschriebenen Segmentes) für Tätigkeiten außerhalb des Erdgassektors „erfolgen kann“; diese Kann-Regelung sollte aus Gründen einer einheitlichen Handhabung als Empfehlung verstanden werden.

(1) Fernleitung und Verteilung

Mit den Aktivitäten/Tätigkeiten Fernleitung und Verteilung der Gasversorgung besteht eine gewisse Analogie zu den Aktivitäten Übertragung und Verteilung der Stromversorgung. Ähnlich wie dort nach Spannungsebenen unterschieden wird, differenzieren hier die Definitionen des Art. 2 der Erdgasbinnenmarkt-Richtlinie nach Druckstufen; der Verbundfunktion als funktionalem Abgrenzungskriterium in der Elektrizitätsversorgung entspricht in der Erdgasversorgung die Funktion der Fernleitung als Merkmal der Abgrenzung zur Verteilung[25]. Hinsichtlich der Fernleitung stellt Nr. (22) der Präambel zur Richtlinie klar, dass für Zwecke der Buchführung die Fernleitung die Wiederverdampfung einschließt.

Anders als in der Elektrizitätsversorgung ist in der Erdgasversorgung für Zwecke der Segmentierung die Zusammenfassung von Fernleitung und Verteilung zulässig, wenn sich der nationale Gesetzgeber gem. Art. 16 der Richtlinie für ein System mit geregeltem Netzzugang entscheidet – dies ist allerdings nicht geschehen – und wenn

---

[24] In der Erdgasbinnenmarkt-Richtlinie wird der Begriff „Gewinnung von Kohlenwasserstoffen“ nur an dieser Stelle verwendet. Es ist davon auszugehen, dass er als Synonym zum Begriff „Gasgewinnung“ zu verstehen ist, zumal auch die übrige Fachliteratur hierzu nichts Gegenteiliges aussagt. Kohlenwasserstoffe bestehen aus den Elementen Kohlenstoff und Wasserstoff. Der Aggregatzustand von Kohlenwasserstoffen mit bis zu vier Kohlenstoff-Atomen ist bei Raumtemperatur und Atmosphärendruck gasförmig. Der Begriff wird in der Beschleunigungsrichtlinie (vgl. Abschn. 7.3) nicht mehr verwendet.

der Netzzugang für Fernleitung und Verteilung insgesamt abgerechnet wird (Art. 13 Abs. 3, 2. Unterabs. der Richtlinie).

Nicht für die Abgrenzung zwischen Fernleitung und Verteilung, wohl aber für die Trennung der Versorgungsnetze von anderen Anlagen gibt § 2 Abs. 3 EnWG Hinweise: „ Zu den Gasversorgungsnetzen zählen Fernleitungs- und Verteilernetze, Direktleitungen, Anlagen für verflüssigtes Erdgas (LNG-Anlagen) und alle sonstigen Anlagen, die für die Fernleitung und Verteilung erforderlich sind, einschließlich der Anlagen für Wärmeausgleich und Mischung. Ferner zählen hierzu Anlagen zur Speicherung, soweit sie in technischer Hinsicht für den wirksamen Netzzugang erforderlich sind. Ausgenommen sind solche Netzteile oder Teile von Einrichtungen, die für örtliche Produktionsstätten verwendet werden."

Ein weiteres Erfordernis eines gesonderten Nachweises im Rechnungswesen ergibt sich ggf. hinsichtlich der Informationen über vorgelagerte Rohrleitungen (definiert in Art. 2 Nr. 2 der Richtlinie) gem. Nr. (22) der Präambel i.V. mit Art. 23 Abs. 3 der Richtlinie, allerdings nur zum Zwecke des Streitbeilegungsverfahrens im Falle von Streitigkeiten im Zusammenhang mit dem Zugang zu vorgelagerten Rohrleitungsnetzen, nicht also im Hinblick auf die Segmentierung gem. Art. 13; § 2 Abs. 3 S. 4 EnWG definiert vorgelagerte Rohrleitungen als „Rohrleitungen, die dazu verwendet werden, Erdgas aus Öl- oder Gasgewinnungsvorhaben zu einer Übergabestation zu leiten, in der die Übergabe in das Fernleitungs- oder Verteilungsnetz erfolgt". Nicht angesprochen wird die Frage, wo unter Segmentierungsaspekten die Informationen über vorgelagerte Rohrleitungsnetze einzuordnen sind; da diese Netze nach dem Begriffsapparat der Richtlinie weder der Fernleitung noch der Verteilung dienen, sollten sie – wie dies in der Präambel für die o.a. Gewinnung ausdrücklich vorgegeben ist – den sonstigen Aktivitäten außerhalb des Erdgassektors zugeordnet werden[26].

---

[25] Obwohl der Begriff der Fernleitung teilweise zirkulär definiert wird, ist dieser funktionale Aspekt durchaus wesentlich.

[26] Nach dem Entwurf IDW ERS ÖFA 2 Tz 22 erscheint eine Zuordnung zu einer weiteren Aktivität innerhalb des Gasbereichs sachgerecht.

(2) Speicherung

Anders als in der Elektrizitätsversorgung, in der die Speicherung aus physikalischen Gründen nur geringe Bedeutung hat, verfügen Gasversorgungsunternehmen durchaus in etlichen Fällen über Speicheranlagen (Über-Tage-Behälter, Unter-Tage-Kavernen). Art. 13 Abs. 3 der Erdgasbinnenmarkt-Richtlinie sieht für die Speicherung die Einrichtung eines gesonderten Segments in der internen Buchführung vor. In Art. 2 der Richtlinie ist nicht die Funktion der Speicherung, sondern die Speicheranlage definiert; dies sollte funktional auf die damit verbundenen Tätigkeiten und die damit im Rechnungswesen induzierten Informationen ausgedehnt werden. Damit begründet auch die Speicherung im Rohrnetz ("Netzatmung") keine eigene Aktivität Speicherung.[27]

Soweit Speicherkapazitäten einem Unternehmen ohne juristisches Eigentum (etwa aufgrund von Nutzungsvereinbarungen oder Mietverträgen) zur Verfügung gestellt werden und es als Operator dieser Kapazitäten – u.U. auch ohne (volle) Inanspruchnahme – tätig wird, begründet dies beim Anbieter (aktive Lohnspeicherung) entsprechende segmentierungspflichtige Tätigkeiten im Sinne der Richtlinie. Dies ergibt sich auch aus § 2 Abs. 3 S. 5 EnWG, wonach eine Speicheranlage „eine Anlage zur Speicherung von Erdgas (ist), die einem Gasversorgungsunternehmen gehört oder von ihm oder für ihn betrieben wird, ausgenommen der Teil der Anlage, der für die Gewinnung genutzt wird". Die bloße (passive) Lohnspeicherung in fremden Anlagen zur Optimierung der Bezugskosten begründet jedoch keine Aktivität Speicherung[28]; sachgerecht erscheint die Zuordnung zur Aktivität Gashandel und -vertrieb.

Anmerkungen zum Gasverkauf

Auch wenn Art. 13 Abs. 3 der Erdgasbinnenmarkt-Richtlinie eine vierte (Δ-)Aktivität nicht erwähnt, sieht der Gesetzgeber in § 9a Abs. 2 S. 1 EnWG vor – wohl im Hinblick auf die Kommissionsäußerung (vgl. Abschn. 2.2) –, die Bereiche Fernleitung,

[27] Nach IDW ERS ÖFA 2 Tz 22 kommt für diese sog. Netzatmung eine Zuordnung zur Verteilung in Betracht. Eine gesonderte Erfassung der hierdurch verursachten Kosten wäre im Übrigen auch problematisch.

[28] A.A. IDW ERS ÖFA 2, Tz 22. Hier wird nicht zwischen aktiver und passiver Lohnspeicherung unterschieden.

Verteilung und Speicherung getrennt „von den Gashandels- und Vertriebsaktivitäten" zu führen.

Für das Verständnis des Aktivitätenbegriffs mag auch die Definition von Erdgasunternehmen (die Elektrizitätsbinnenmarkt-Richtlinie enthält keine vergleichbare Definition) bedeutsam sein; gem. Art. 2 Nr. 1 der Richtlinie ist

1. „Erdgasunternehmen" eine natürliche oder juristische Person (ist), die von den Funktionen Gewinnung, Fernleitung, Verteilung, Lieferung, Kauf oder Speicherung von Erdgas, einschließlich verflüssigtes Erdgas, mindestens eine wahrnimmt und die kommerzielle, technische und/oder wartungsbezogene Aufgaben im Zusammenhang mit diesen Funktionen wahrnimmt, mit Ausnahme der Endverbraucher.

Die „Funktionen" werden nicht als (zu segmentierende) Tätigkeiten (Aktivitäten) erwähnt, wobei sicherlich „Funktionen" und „Tätigkeiten" nicht gleichgesetzt werden dürfen; ein Segment Gasverkauf hat sicherlich die „Funktionen" Lieferung und Kauf zu umfassen. Auch sonst sind die Begriffsbestimmungen der beiden Richtlinien (s. Abschn. 1.2) nicht durchweg kongruent formuliert; dies betrifft insbesondere die Definition integrierter Unternehmen.

2.4 Segmentierung für integrierte Unternehmen

Sowohl Art. 14 Abs. 3 der Elektrizitätsbinnenmarkt-Richtlinie als auch Art. 13 Abs. 3 der Erdgasbinnenmarkt-Richtlinie schreiben die Segmentierung für – nach den Begriffsbestimmungen jeweils des Art. 2 der Richtlinien horizontal und/oder vertikal – integrierte Unternehmen der betroffenen Wirtschaftszweige vor; § 9 EnWG – anders als § 9a EnWG – hat allerdings dieses Merkmal nicht aufgegriffen; es ist jedoch nicht erkennbar, dass der deutsche Gesetzgeber den Anwendungsbereich des § 9 Abs. 2 EnWG gegenüber dem Richtlinientext ausdehnen wollte. Es dürfte also die Interpretation vertretbar sein, dass generell Unternehmen, die nicht integrierte im Sinne der Richtlinien sind, nicht zur Segmentierung ihrer Buchführung und ihrer Jahresabschlüsse verpflichtet werden.

Bei der Definition integrierter Unternehmen arbeiten beide Richtlinien – Art. 2 Nr. 17 bis 19 der Elektrizitätsbinnenmarkt-Richtlinie; Art. 2 Nr. 15 bis 17 der Erdgasbinnenmarkt-Richtlinie – mit dem Terminus der Funktion, der (wie gesagt) begrifflich nicht mit dem der Aktivität/Tätigkeit gleichgesetzt werden darf, auch wenn für die Begriffsbestimmung integrierter Elektrizitätsunternehmen nur solche Funktionen aufgeführt sind, die auch als zu entbündelnde Aktivitäten in Art. 14 der Richtlinie genannt werden. „Funktion" ist als allgemeinere, u.U. auch als weitere Bezeichnung zu verstehen. Nur ein integriertes Unternehmen nach den genannten Umschreibungen der Richtlinien kann zur Segmentierung verpflichtet sein; für die Segmentbildung greifen dann §§ 9 Abs. 2 und 9a Abs. 2 EnWG in Verbindung mit den hierfür geltenden Kriterien ein (s. Abschn. 2.2.2 und 2.2.3).

Art. 2 Nr. 16 und 17 der Erdgasbinnenmarkt-Richtlinie enthält für die integrierten Erdgasunternehmen diejenigen Definitionen, die denen für die integrierten Elektrizitätsunternehmen analog sind, weicht aber doch etwas ab. Beide Richtlinien knüpfen das Vorhandensein einer Integration an die Wahrnehmung bestimmter, enumerativ aufgeführter „Funktionen". Dabei fällt aber auf, dass die Elektrizitätsbinnenmarkt-Richtlinie nur solche Funktionen aufführt, die auch entbündelungspflichtige Aktivitäten sind. Hingegen führt die Erdgasbinnenmarkt-Richtlinie darüber hinaus mit „Gewinnung" und „Lieferung" auch Funktionen auf, die nicht als entbündelungspflichtige Aktivitäten genannt sind.

Dies kann in Einzelfällen bei Ein-Sparten-Unternehmen zu einer Segmentierungspflicht führen, wenn ein vergleichbarer Sachverhalt bei einem Elektrizitätsversorgungsunternehmen anders zu beurteilen wäre (jedenfalls wenn die Auffassung vertreten wird, dass der Elektrizitätsverkauf nicht stets von den Transportaktivitäten zu trennen ist).

Erwähnt sei, dass die Definition des „Erdgasunternehmens" auch noch die Funktion „Kauf von Erdgas" nennt. Gewisse Inkonsequenzen in der Formulierung der Richtlinientexte sind also unübersehbar.

2.5 Segmentierung für Unternehmen der allgemeinen Versorgung

§ 9 Abs. 2 EnWG verlangt eine Segmentierung des Rechnungswesens, der Bilanzen und der Gewinn- und Verlustrechnungen nur von Elektrizitätsversorgungsunternehmen „der allgemeinen Versorgung", eine Formulierung, die in beiden Energiebinnenmarkt-Richtlinien nicht verwendet wird und die auch in § 9a EnWG für die Erdgasunternehmen nicht aufgegriffen wird. Damit stellen sich weitere Interpretationsfragen. Unter „Versorgung" wird in den beiden Richtlinien die Lieferung und/oder der Verkauf von Elektrizität bzw. von Erdgas an Kunden verstanden; die Bereitstellung eines Leitungsnetzes für Durchleitungskunden wird von diesem Begriff also nicht erfasst.

Andererseits sind nach § 2 Abs. 3 EnWG Energieversorgungsunternehmen „alle Unternehmen und Betriebe, die andere mit Energie versorgen oder ein Netz für die allgemeine Versorgung betreiben". Auch der Betrieb eines Netzes für Dritte macht hiernach also ein Unternehmen zu einem Energieversorgungsunternehmen, aber noch nicht notwendigerweise zu einem der allgemeinen Versorgung, wenn nicht der Netzbetreiber selbst Energie an Kunden liefert oder verkauft (Art. 2 Nr. 16 Elektrizitäts-Richtlinie; Art. 2 Nr. 7 Erdgas-Richtlinie)[29].

In jedem Falle erscheint es begriffsnotwendig, dass ein Unternehmen seine Leistungen der Energielieferung nicht nur für den Eigenbedarf oder den Bedarf von Konzernunternehmen erbringt, sondern auch Dritten zur Verfügung stellt. Diese Dritten müssen nicht zwingend Letztverbraucher (Endverbraucher im Sinne von Art. 2 Elektrizitätsbinnenmarkt-Richtlinie und Art. 2 Nr. 21 Erdgasbinnenmarkt-Richtlinie) sein; der Bereich der allgemeinen Versorgung kann also weiter sein als der, für den nach § 10 EnWG Anschluss- und Versorgungspflicht besteht[30]. Eine eindeutige Abgrenzung ist damit allerdings nicht erreicht, derzeit wohl auch noch nicht möglich; nach dem Ergebnis einer gemeinsamen Sitzung des BMWi mit den Bundesländern ist die Versorgung von Kunden aufgrund von Konzessionsverträgen mit Wegerechten „auf jeden Fall" allgemeine Versorgung, die Versorgung eines einzelnen Indust-

---

29 Diese Interpretation ist enger als die der Vorauflagen (S. 28), wo wir die Meinung vertreten hatten, dass auch der alleinige Betrieb eines Netzes eine allgemeine Versorgung in dem hier relevanten Sinne begründen könne. IDW ERS ÖFA 2 neigt offensichtlich (s. Tz 5) zu einem weiteren Begriff der allgemeinen Versorgung.

30 So auch Danner, Energiewirtschaftsrecht, § 9 EnWG, Tz2.

riebetriebes im Wege von Durchleitung oder Direktleitung „ebenso sicher“ nicht, wobei eine quantitative Abgrenzung zwar wünschenswert, aber nicht möglich erscheine[31].

2.6 Sonstige Aktivitäten

Elektrizitätsversorgungsunternehmen haben gem. § 9 Abs. 2 EnWG auch für die zusammengefassten Aktivitäten außerhalb des Elektrizitätsbereichs getrennte Konten in ihrer Buchführung zu führen und eine Bilanz sowie eine Gewinn- und Verlustrechnung in den Anhang ihres Jahresabschlusses aufzunehmen. Für integrierte Gasversorgungsunternehmen schreibt § 9a Abs. 2 EnWG vor, dass sie in ihrer internen Buchführung ein „konsolidiertes Konto für Aktivitäten außerhalb des Erdgassektors ... führen“ und hierfür eine Bilanz sowie eine Gewinn- und Verlustrechnung aufstellen.

Weitere Erläuterungen zu den sonstigen Aktivitäten ergeben sich aus den genannten Vorschriften nicht. Folglich sind hier alle anderen Aktivitäten außerhalb des Elektrizitätsbereichs bzw. des Erdgassektors unter Berücksichtigung der o.g. Erläuterungen zu zeigen. Im Zusammenwirken der Regelungen für die beiden betroffenen Sparten werden die Überschneidungen zu beachten sein. Da die Vorschriften für die Elektrizitätsversorgungsunternehmen die Entbündelung im Anhang – damit also extern – vorschreiben und da für den Erdgasbereich lediglich die interne Segmentierung vorgesehen ist, würde in einem Querverbundunternehmen die jeweils andere Sparte den sonstigen Aktivitäten zugeordnet werden müssen.

Sonstige Aktivitäten können ggf. auch solche sein, die nach bisheriger Übung einer der betroffenen Energieversorgungssparten zugeordnet wurden. Zu denken ist vor allem an Nebengeschäfte verschiedener Art, etwa Installationsleistungen sowie Betriebsführungen und Verwaltungsleistungen (z.B. Verbrauchsabrechnungen für Dritte). Eine Zuordnung der dadurch verursachten Aufwendungen und Erträge sowie Bilanzposten zu den sonstigen Aktivitäten kann sinnvoll sein, wenn ein (vor allem Querverbund-)Unternehmen auch organisatorisch so verfährt. Gegen eine Zuordnung zum jeweiligen Betriebszweig bestehen aber keine Bedenken.

---

31 Ergebnisvermerk vom 27.05.98 zur Sitzung mit den Bundesländern zur Durchführung des neuen

Hinsichtlich der Behandlung der Gewinnung und vorgelagerter Rohrleitungen bei Gasversorgungsunternehmen sei auf Abschn. 2.3 verwiesen.

Häufig ist es bei einzelnen Unternehmensbereichen schwierig, einen eindeutigen operativen Zusammenhang mit einzelnen Aktivitäten herzuleiten. Dies kann insbesondere die Zuordnung des Eigen- und Fremdkapitals und der liquiden Mittel betreffen, in geringem Maße u.U. auch die Zuordnung der gemeinsamen Anlagen. Hier kann eine Zuordnung zu den sonstigen Aktivitäten besser sein als eine Zuordnung zu bestimmten Elektrizitäts- oder Erdgas-Aktivitäten oder eine Aufteilung mit Hilfe von Schlüsseln. So würde z.B. die Behandlung der Fremdfinanzierung mit einer individuellen oder geschlüsselten Zuordnung von Darlehen (mit aktivitätenspezifischer Fortschreibung) den tatsächlichen Gegebenheiten der Finanzwirtschaft in den meisten Fällen nicht gerecht; die Ausgliederung der Finanzierungsvorgänge in die sonstigen Aktivitäten und ihre Verrechnung über interne Darlehen oder Beteiligungen (Kapitalverrechnungen) können also zweckmäßiger sein. Hierzu sei auf Abschn. 4 (Einzelfragen) verwiesen.

3 Verfahren der Segmentierung

3.1 Grundsätze für die Erstellung von Segmentabschlüssen

Aus §§ 9 Abs. 1 und 9a Abs. 1 EnWG ergibt sich – in Transformation der einschlägigen Richtlinien-Vorgaben – eine ausdehnende Anwendung handelsrechtlicher Vorschriften. Die eigentliche Segmentierungs-Regelung der §§ 9 Abs. 2 und 9a Abs. 2 EnWG gibt für das Vorgehen (fast) keine Maßstäbe handelsrechtlicher oder grundsätzlicher Art vor; sie ergänzt ohnehin bereits geltende oder auf Grund von §§ 9 Abs. 1 und 9a Abs. 1 EnWG anzuwendende handelsrechtliche Buchführungs- und Rechnungslegungsvorschriften.

Wie für den handelsrechtlichen (Gesamt-)Abschluss sind allerdings auch für die segmentierte Rechnungslegung übergreifende Normen in Gestalt von Grundsätzen erforderlich; sie sind aus den handelsrechtlichen Grundsätzen ordnungsmäßiger Buchführung und den Besonderheiten der Segmentierung abzuleiten. Eine allgemeine Pflicht zur Anwendung der HGB-Vorschriften zur Rechnungslegung auf die Segmentabschlüsse ist aus §§ 9 Abs. 2 und 9a Abs. 2 EnWG nicht herzuleiten. Die folgende Übersicht über Segmentierungs-Grundsätze ist ähnlich auch in Verbandsempfehlungen eingegangen[32]:

[32] VKU Verband kommunaler Unternehmen e.V., Entflechtung im Rechnungswesen vertikal und horizontal integrierter Elektrizitätsunternehmen, Anlage zum VKU-Nachrichtendienst, Folge 589, Januar 1998; VDEW Vereinigung Deutscher Elektrizitätswerke, Unbundling im Rechnungswesen - Leitfaden zur praktischen Umsetzung im EVU, VDEW-Materialien M-02/98. Der Entwurf einer IDW-Stellungnahme IDW ERS ÖFA 2 hingegen enthält zwar einen Abschnitt 2.2.3.1 Grundsätzliche Anforderungen, nicht aber einen Grundsätzekatalog; für die „Bilanzen und Gewinn- und Verlustrechnungen der einzelnen Aktivitäten (gelten) grundsätzlich die §§ 264 ff. HGB" (a.a.O. Tz 26).

Maßgeblichkeit des handelsrechtlichen (Gesamt-)Abschlusses für die Aktivitäten-Abschlüsse Entkonsolidierung	Die Grundsätze der Maßgeblichkeit und der Entkonsolidierung ergeben sich aus den allgemeinen Grundsätzen für die Erstellung von Segmentabschlüssen.
Sachgerechte und nachvollziehbare Zuordnung Stetigkeit	Die Grundsätze der sachgerechten und nachvollziehbaren Zuordnung sowie der Stetigkeit sind in den neuen Vorschriften ausdrücklich angesprochen.
Wesentlichkeit Klarheit und Übersichtlichkeit	Die Grundsätze der Wesentlichkeit sowie der Klarheit und Übersichtlichkeit lassen sich aus den allgemeinen Grundsätzen der Rechnungslegung ableiten.

Aus den HGB-Verweisen in §§ 9 Abs. 1 und 9a Abs. 1 EnWG kann nicht gefolgert werden, dass auf die Segmentabschlüsse gem. §§ 9 Abs. 2 und 9a Abs. 2 EnWG die HGB-Vorschriften vollständig anzuwenden seien[33]; die – mittelbare – Anwendbarkeit von HGB-Vorschriften folgt aus den genannten Grundsätzen (insbesondere dem der Maßgeblichkeit) sowie aus den Begriffen der Bilanz und der Gewinn- und Verlustrechnung (was aber nicht eo ipso für alle Sachverhalte den Maßstab der großen Kapitalgesellschaft impliziert) unter Berücksichtigung der Besonderheiten einer Segmentierung. So sind also z.B. für die Segmente Anlagengitter[34], Davon-Vermerke, Fristigkeitsaufgliederungen oder eigene Anhänge nicht zu fordern; die Angabe von Vorjahreszahlen erscheint allerdings – außer für das Jahr der Erstsegmentierung (Art. 31 Abs. 5 S. 2 EGHGB) – zweckmäßig. Hinsichtlich der größenabhängigen Erleichterungen für kleine und mittelgroße Kapitalgesellschaften im Sinne des § 267 HGB wird man unter Berücksichtigung der Selbstständigkeitsfiktion (wie „separate Firmen"[35]) der Richtlinientexte an die Segmentabschlüsse keine strengeren Anforde-

---

33 Nach IDW ERS ÖFA 2, Tz 26 ff., sollen allerdings grundsätzlich die §§ 264 ff. HGB anzuwenden sein; die dort gegebenen Begründungen erscheinen aber nicht schlüssig. Die grundsätzlich umfassenden Anforderungen werden in dem IDW-Papier jedoch durch konzedierte Ausnahmen deutlich abgemildert.

34 A.A. IDW ERS ÖFA 2 a.a.O., Tz 31. Danach kann von dem aktivitätenbezogenen Anlagenspiegel (nur) abgesehen werden, wenn sich die wesentlichen Aussagen (z.B. historische Anschaffungs- und Herstellungskosten sowie Investitionen des Geschäftsjahres jeweils gesondert für die Aktivitäten Übertragung und Verteilung bzw. Fernleitung und Verteilung) aus dem Anlagenspiegel des Gesamtunternehmens entnehmen lassen.

35 Art. 14 Abs. 3 Elektrizitätsbinnenmarkt-Richtlinie, Art. 13 Abs. 3 Erdgasbinnenmarkt-Richtlinie.

rungen stellen können als an die Abschlüsse real selbstständiger Unternehmen; die Erleichterungen dürfen also in Anspruch genommen werden[36].

Die genannten Grundsätze sind als originäre (primäre) Grundsätze zu verstehen, aus denen sekundäre Grundsätze abgeleitet werden können.

Zu den einzelnen Grundsätzen sei ergänzend angemerkt:

Der Grundsatz der **Maßgeblichkeit** folgt daraus, dass handelsrechtliche Abschlüsse zu segmentieren sind; er impliziert die pagatorische (und untersagt z.B. eine kalkulatorische) Bewertung und umfasst auch die Regel, dass im Gesamtabschluss ausgeübte Ansatz- und Bewertungswahlrechte auch für die Segmentabschlüsse bindend sind. Von den Gliederungsvorgaben der §§ 266 und 275 HGB ist nur dann abzuweichen, wenn dies aufgrund der Besonderheiten der Segmentrechnungen geboten oder gerechtfertigt erscheint. Aus dem Grund der Maßgeblichkeit folgen auch die Grundsätze der Fortführung der Unternehmenstätigkeit (unter Berücksichtigung der Einbindung in das Gesamtunternehmen), der Einzelbewertung, der Vorsicht und der Periodenabgrenzung nach handelsrechtlichen Kriterien sowie der formellen Bilanzkontinuität (Bilanzidentität).

Der Grundsatz der formellen Bilanzkontinuität (Bilanzidentität) kann durch Segmentabschlüsse nur bei vollständigem buchhalterischen Zusammenhang aller in Segmentabschlüssen abgebildeten Bestände und Bewegungen erreicht werden (s. hierzu Abschn. 4.2); bei einer Schlüsselung kann dieser Grundsatz somit nur tendenziell, aber nicht mit buchhalterischer Genauigkeit erfüllt werden.

Entkonsolidierung folgt daraus, dass die Segmentierung als spiegelbildliches Gegenstück zur Erstellung von Konzernabschlüssen mit den dabei gebotenen Konsolidierungsvorgängen zu verstehen ist. Das verlangt insbesondere die Berücksichtigung des innerbetrieblichen Leistungsaustausches (s.u.).

---

[36] A.A. IDW ERS ÖFA 2, Tz 29.

Sachgerechte und für Dritte **nachvollziehbare Zuordnung** gibt das deutsche Energiewirtschaftsgesetz (§§ 9 Abs. 2 S. 3 und 9a Abs. 2 S. 3 EnWG) als Grundsatz für die – in den Richtlinien nicht angesprochene – Zuordnung mit Hilfe von Schlüsseln vor. Auch hierzu ist aber festzustellen, dass die amtliche Vorgabe des EnWG Ausdruck eines allgemeinen Grundsatzes ist. Zur näheren Konkretisierung dieses Grundsatzes sei auf Abschn. 3.2 verwiesen.

Der Grundsatz der **Stetigkeit** – DRS 3 spricht in Tz 46 ff. von Stetigkeit und Vergleichbarkeit – betrifft die Bewertung und die Zuordnung bei der Segmentierung. Die rechtlichen Regelungen sprechen nur diesen letzten Aspekt an. Ein Zwang zur Bewertungsstetigkeit folgt bereits aus dem Maßgeblichkeitsgrundsatz; Stetigkeit ist aber darüber hinaus auch bei der Ermittlung der innerbetrieblichen Verrechnungspreise zu fordern. Andererseits kann aber der Übergang zur Rechnungslegung nach Aktivitäten in Verbindung mit den sonstigen Regelungen des neuen Energierechts u.U. auch eine Durchbrechung der Stetigkeit – für den Gesamtabschluss des Unternehmens nach dem HGB – rechtfertigen[37].

Zum Grundsatz der **Wesentlichkeit** – weder in den Richtlinien noch im nationalen Recht ausdrücklich angesprochen, wohl aber allgemein im Handelsrecht verankert – nennen IAS 14[38] und DRS 3 (Tz 15) das 10-%-Kriterium (Segmentinformationen, bezogen auf die jeweiligen Gesamtzahlen). Vorgeschlagene Schwellenwerte zum Handelsrecht bewegen sich im Allgemeinen zwischen 5 % und 10 %. Die Frage der Wesentlichkeit kann sowohl im Hinblick auf das Vorliegen segmentierungspflichtiger Aktivitäten/Tätigkeiten (z.B. bei nur geringfügiger Erzeugung) als auch im Hinblick auf das Vorgehen im Verfahren der Segmentierung bedeutsam sein.

Der Grundsatz der **Klarheit und Übersichtlichkeit** gilt für jede Rechnungslegung; für handelsrechtliche Abschlüsse ist er in § 243 HGB verankert. Für die Segmentrechnungslegung der Energieversorgungsunternehmen ist auf die Präambeln der beiden Richtlinien zu verweisen; sie verlangen ein Höchstmaß an Transparenz (32. Erwägungsgrund der Elektrizitätsbinnenmarkt-Richtlinie) bzw. ein hohes Maß an

---

37 IDW ERS ÖFA 2, Tz 4.
38 International Accounting Standard 14 (überarbeitet 1997), Segmentberichterstattung.

Transparenz (22. Erwägungsgrund der Erdgasbinnenmarkt-Richtlinie). Die Segmentierung nach Aktivitäten ist ein Mittel zur Erreichung dieser Transparenz.

3.2 Möglichkeiten der Zuordnung

3.2.1 Allgemeines

Die Entbündelungsregelungen der §§ 9 Abs. 2 und 9a Abs. 2 EnWG und der beiden Energiebinnenmarkt-Richtlinien verlangen jeweils getrennte Kontenführung sowie gesonderte Bilanzen und GuV-Rechnungen nach Aktivitäten/Tätigkeiten. Der deutsche Gesetzestext (die Richtlinien äußern sich hierzu nicht) sieht neben der – sicherlich vorrangigen – direkten Zuordnung auch die Zuordnung durch sachgerechte und für Dritte nachvollziehbare Schlüsselung vor, soweit eine direkte Zuordnung nicht möglich ist oder mit unvertretbarem Aufwand verbunden wäre.

Die Führung getrennter Konten dient der Segmentierung des Jahresabschlusses nach Aktivitäten. Die „getrennten Konten" gem. §§ 9 Abs. 2 S. 1 und 9a Abs. 2 S. 1 EnWG nehmen nicht nur die direkt zugeordneten Beträge, sondern auch die durch Schlüssel zugeordneten Beträge gem. §§ 9 Abs. 2 S. 3 und 9a Abs. 2 S. 3 EnWG auf.

3.2.2 Progressive und retrograde Zuordnung

Der Wortlaut der Rechtsvorschriften deutet auf die Annahme fortlaufender Bebuchung der Konten hin; eine nachträgliche Aufteilung nach Aktivitäten (Verfahren der retrograden Zuordnung) muss jedoch – um unverhältnismäßig hohen Aufwand zu vermeiden – ebenfalls zulässig sein[39], wobei allerdings die Zuordnungsgrundsätze im Voraus festzulegen und nachvollziehbar zu dokumentieren sind. Bei einer progressiven Zuordnung werden die getrennten Konten nach Aktivitäten zeitgleich mit der Erfassung des Geschäftsvorfalls in der Finanzbuchhaltung bebucht. Bei der retrograden Zuordnung wird der Buchungsstoff den Aktivitäten erst nach der Erfassung des

---

39 So auch Michael Ebeling, Jens Schmidt, Thomas Drüppel, Möglichkeiten der Kontentrennung für die Rechnungslegung nach §§ 9, 9a Energiewirtschaftsgesetz, in: Versorgungswirtschaft 2001, S.

Geschäftsvorfalls in der Finanzbuchhaltung zugeordnet (z.B. direkte und schlüsselmäßige Zuordnung am Jahresende).

3.2.3 Direkte und indirekte (geschlüsselte) Zuordnung

Die in den Aktivitätenabschlüssen zu erfassenden Beträge können gem. §§ 9 Abs. 2 S. 3 und 9a Abs. 2 S. 3 EnWG direkt oder indirekt zugeordnet werden. Dabei wird die indirekte Zuordnung als subsidiär angesehen; soweit eine direkte Zuordnung möglich ist, kann sie nur unterbleiben, wenn sie einen unvertretbaren Aufwand erfordert, also bei einem deutlichen Missverhältnis aus zusätzlichem Aufwand bei direkter Zuordnung und dem dadurch erreichbaren Informationsgewinn[40].

Das Verfahren der indirekten Zuordnung lässt sich u.U. auch so gestalten, dass in Betracht kommende Bereiche (Kosten-Zentren) zunächst als Quasi-Segmente geführt und nach Abschluss einer Rechnungsperiode durch Zuordnung zu den Aktivitäten rechnungsmäßig aufgelöst werden.

Die indirekte Zuordnung birgt stärker als die direkte Zuordnung die Gefahr einer nicht verursachungsgerechten Zuordnung in sich; eine Schlüsselung muss daher sachgerecht und für Dritte nachvollziehbar sein (§§ 9 Abs. 2 und 9a Abs. 2 EnWG). Um die Gefahr nicht verursachungsgerechter Zuordnung in Grenzen zu halten, sollte für die Schlüsselbildung das für die Kostenrechnung entwickelte Proportionalitätsprinzip gelten, wonach diejenige Bezugsgröße und damit ggf. auch Schlüsselgröße zu wählen ist, zu welcher die zu verteilenden Beträge (annähernd) proportional verlaufen. Anders ausgedrückt, muss zwischen der Bezugsgröße einerseits und den die Zuordnung verursachenden Einflussgrößen andererseits größtmögliche Proportionalität bestehen.

---

77 ff. (hier S. 79). Der Entwurf IDW ERS ÖFA 2 äußert sich hierzu nicht ausdrücklich (s. Tz. 37 ff.), steht u.E. aber einer retrograden Zuordnung nicht entgegen.

40 So auch IDW ERS ÖFA 2, Tz 47. Das IDW weist darauf hin, dass „in vielen Fällen (z.B. bei Vermögensgegenständen der Betriebs- und Geschäftsausstattung) ... eine direkte Zuordnung im Vergleich zu einer Schlüsselung zu einem nur geringen und für die einzelne Aktivität unbedeutenden Informationsgewinn führen“ wird.

Als Bezugsgrößen für eine indirekte Zuordnung können kategorial sowohl Mengen- als auch Wertmaßstäbe verwendet werden:

- Mengen als Schlüsselgrundlagen
  - Zählgrößen (Zahl der bezogenen oder abgesetzten Energieeinheiten, Zähleranzahl, Anzahl der Mitarbeiter usw.),
  - Zeitgrößen (Zeiten aus Tätigkeitsnachweisen, Meisterstunden, Lastzeiten usw.),
  - Raumgrößen (Fläche, Rauminhalt, Länge usw.),
  - technische Maßgrößen (kWh, Kalorien usw.),
  - Gewichtsgrößen.
- Werte als Schlüsselgrundlagen
  - Aufwand- und Ertragsgrößen (Personalaufwand, Materialaufwand usw.),
  - Einstandsgrößen (Anschaffungs- und Herstellungskosten, Nennwerte von Forderungen usw.),
  - Absatzgrößen (Umsatzerlöse nach Arten usw.),
  - Bestandsgrößen (Bestandswerte, Restbuchwerte usw.),
  - Verrechnungsgrößen (Verrechnungspreise usw.),
  - Erfolgsgrößen (Rohmargen).

In anderer Gliederung kann man etwa unterscheiden[41]:

- Anlagenschlüssel (gemessen an Anschaffungs-/Herstellungskosten oder Restbuchwerten),
- Personalschlüssel (nach der Mitarbeiterzahl oder nach Personalaufwand),
- aus Erträgen (insbesondere den Umsatzerlösen, ggf. einschließlich innerbetrieblicher Leistungsverrechnung) oder Aufwendungen abgeleitete Schlüssel,
- wirtschaftszweigspezifische Schlüssel,
- kombinierte Schlüssel.

---

[41] Michael Ebeling u.a., Versorgungswirtschaft 2001, S. 77 ff. (hier S. 80 ff.) gliedern wie folgt: Schlüssel auf der Grundlage bestimmter Posten der GuV-Rechnung, Schlüssel auf der Grundlage bestimmter Bilanzposten, Schlüssel auf der Basis bestimmter Kennzahlen, Mischschlüssel.

Ob ein (alleiniger) Rohmargenschlüssel – ermittelt aufgrund der Margen nach Verteilung direkt zurechenbarer Erträge und Aufwendungen – für die Zuordnung eines größeren Blocks von Restaufwendungen verursachungsgerecht ist, hängt davon ab, ob im Einzelfall die Aktivitäten hinsichtlich dieser Restaufwendungen im Wesentlichen gleiche Strukturen aufweisen. Andernfalls ergäbe sich ein nicht sachgerechter Proportionalisierungseffekt.

Sicherlich ist aus Gründen der Praktikabilität mit möglichst wenigen Schlüsseln zu arbeiten, zumal durch zunehmende Zahl von Schlüsseln die Genauigkeit der Ergebnisse entsprechend dem Verursachungsprinzip nur in Grenzen gesteigert werden kann. Zu suchen ist also ein Optimum aus möglichst weitgehender direkter Zuordnung (80 % und mehr sollten erreichbar sein) und einer begrenzten Zahl von Schlüsseln, die möglichst sachgerecht festzulegen sind.

Exkurs:

Hinweise zur Verwendung verschiedener möglicher Verteilungsschlüssel

Vorbemerkung

Die dargestellten Verteilungsschlüssel können nach einzelnen Aktivitäten, differenziert spartenübergreifend oder unternehmens-bereichsübergreifend gebildet werden. Schlüssel sind unternehmensindividuell in nahezu beliebiger Zahl und in einer Vielzahl von Varianten herleitbar. Im Allgemeinen reichen aber die im Folgenden dargestellten Schlüssel und Ermittlungsmöglichkeiten für eine hinreichend genaue Ableitung der Segmentabschlüsse aus. Mit zunehmender Differenzierung steigt der Erstellungsaufwand. Wir stellen hier als Praxisbeispiel die Ermittlung von Verteilungsschlüsseln für ein Unternehmen mit den Bereichen Erzeugung und Verteilung sowie übrigen Aktivitäten dar, um die Ermittlung übersichtlich zeigen zu können. Bei weitergehender Differenzierung wird man entsprechend vorgehen.

1. Anlagenschlüssel

Auf der Basis von Restbuchwerten wird man wie folgt vorgehen:

Bereich / Rechengang	Gesamt	Elektrizität		Übrige Aktivitäten
		Erzeugung	Verteilung	
Direkt zugeordnete Restbuchwerte in T€	2.000	400	600	1.000
Anlagenschlüssel 1 in %	100,0	20,0	30,0	50,0
Nicht direkt zugeordnete Restbuchwerte	1.000			
„Verwaltungsschlüssel“ in %	100,0	10,0	10,0	80,0
Summe aufgeteilter Restbuchwerte I	1000	100	100	800
Summe aufgeteilter Restbuchwerte II	3.000	500	700	1.800
Anlagenschlüssel 2 in %	100,0	16,7	23,3	60,0

Ein Anlagenschlüssel nach Anschaffungs-/Herstellungskosten wird methodisch entsprechend ermittelt.

Alternativ ist folgende Zuordnung denkbar, bei der die nicht direkt zuzuordnenden Vermögensgegenstände zunächst mit Hilfe eines allgemeinen Schlüssels „Verwaltung“, der nach Bereichen ermittelt wurde, aufgeteilt werden. Anschließend wird im Verhältnis der direkt zugeordneten Werte innerhalb der Bereiche verteilt.

Rechengang \ Bereich	Gesamt	Elektrizität		Übrige Aktivitäten
		Erzeugung	Verteilung	
Direkt zugeordnete Restbuchwerte (BRW) in T€	2.000	400	600	1.000
Anlagenschlüssel 1 in %	100,0	20,0	30,0	50,0
Nicht direkt zugeordnete Restbuchwerte	1.000			
„Verwaltungsschlüssel" in %	100,0	30,0		70,0
Weiter aufzuteilende Restbuchwerte		300		700
Aufteilungsmaßstab der Sparten im Verhältnis der direkt geschlüsselten RBW		40,0	60,0	100,0
Summe aufgeteilter Restbuchwerte I	1.000	120	180	700
Summe aufgeteilter Restbuchwerte II	3.000	520	780	1.700
Anlagenschlüssel 2 in %	100,0	17,7	26,0	56,7

Die Ergebnisse dieser alternativen Vorgehensweise weichen nicht erheblich von denen der ersten Tabelle ab. Je nach Verteilungsbasis (hier: „Verwaltungsschlüssel") können sich gravierendere Abweichungen ergeben.

In Teilbereichen ist auch ein „Gleichnamigmachen" von Unterschieden mittels Äquivalenzziffern möglich, z.B. bei Zählern unterschiedlicher Leistung oder Rohrnetzen mit unterschiedlichen Querschnitten.

2. Personalschlüssel

Als Schlüsselgrundlage kommen in Betracht:

- Mitarbeiter,
- Personalaufwand.

Beim Versorgungsaufwand sind für Ruheständler u.U. auch frühere Beschäftigungsverhältnisse bedeutsam.

3. Aus Erträgen oder Aufwendungen abgeleitete Schlüssel

Hier seien lediglich die in der Praxis Wichtigsten angesprochen:

Erlösschlüssel

In Betracht kommt die Verteilung nach

- direkt zugeordneten Erlösen (nur Außenerlöse),
- direkt zugeordneten Erlösen einschließlich interner Leistungsverrechnung.

Materialaufwandschlüssel

Möglich ist die Verteilung nach

- direkt zugeordnetem Materialaufwand,
- direkt zugeordnetem Materialaufwand in Verbindung mit anderen Schlüsselgrößen.

4. Wirtschaftszweigspezifische Schlüssel

In Versorgungsunternehmen (ggf. mit Querverbund) kommen folgende wirtschaftszweigspezifische Schlüsselgrundlagen in Betracht:

- Zähler,
- Zähler, gewichtet mit Äquivalenzziffern,
- Rohrnetzlängen,
- Rohrnetzlängen, gewichtet mit Äquivalenzziffern
- Personen-km, Wagen-km.

5. Kombinierte Schlüssel

Häufig werden verschiedene Schlüssel – darunter auch die wirtschaftszweigspezifischen – zu einem allgemeinen Schlüssel (manchmal „Verwaltungsschlüssel" genannt) kombiniert.

6. Mehrstufige Verteilung

Insbesondere bei spartenübergreifender Schlüsselung (etwa für Energieversorgung und Verkehr) wird man ggf. zweistufig vorgehen und zunächst nach einem anderen allgemeinen Schlüssel auf Versorgung und Verkehr und danach innerhalb der Sparten z.B. im Verhältnis der Zähler innerhalb der Versorgung verteilen. In dem folgenden Beispiel wurde angenommen, dass die zu verteilenden Aufwendungen im Verhältnis 60 % zu 40 % auf die Bereiche Energieversorgung bzw. Verkehr entfallen.

Bereich / Rechengang	Gesamt	Versorgung		Verkehr	
Aktivität		Elektrizitätsverteilung	Gasverteilung	Busverkehr	Straßenbahn
Zu verteilender Posteninhalt	1.000				
Vorabverteilung (Primärschlüssel)	100,0	60,0		40,0	
Posteninhalt	1.000	600		400	
Zähler-/Personen-km-Schlüssel absolut		10.000	20.000	8.000	22.000
Schlüssel in %		33,3	66,7	26,7	73,3
Posteninhalt absolut	1.000	200	400	107	293

3.2.4 Behandlung innerbetrieblicher Leistungsverrechnungen

Außer der direkten oder indirekten (schlüsselmäßigen) Zuordnung des Buchungsstoffs bzw. der Zahlen aus dem Gesamtjahresabschluss ist für die innerbetrieblichen Leistungsbeziehungen zwischen den Aktivitäten eine Entkonsolidierung im Hinblick auf die Verrechnung innerbetrieblicher Leistungen erforderlich[42]. Die Verrechnung von innerbetrieblichen Lieferungen und Leistungen entspricht dem organisatorischen Konzept der Verantwortung nach Ergebnis-Zentren; der Leistungsaustausch zwischen den Aktivitäten sollte unter der Fiktion „separater Firmen" wie bei einer rechtlichen Trennung der Bereiche abgebildet werden.

Diese innerbetrieblichen Leistungsbeziehungen dürfen – weil es sich um Innenumsätze handelt – im handelsrechtlichen Jahresabschluss nicht abgebildet werden; ihre Berücksichtigung in den Segmentabschlüssen entspricht jedoch der Fiktion selbstständiger Unternehmen („separate Firmen"). Ihre Erfassung im Wege der Entkonsolidierung in den Aktivitätenabschlüssen führt dazu, dass die bereits durch direkte und indirekte Zuordnung zugewiesenen Beträge in den Bilanz- und GuV-Posten um weitere (innerbetriebliche) Geschäftsvorfälle ergänzt werden. Dies hat zur Folge, dass sich durch die Entkonsolidierung in den Aktivitätenabschlüssen bei einzelnen Bilanz- und GuV-Posten höhere Beträge in der Queraddition ergeben, als sie im handelsrechtlichen Jahresabschluss des Gesamtunternehmens ausgewiesen werden; die Erfassung von Innenumsätzen berührt jeweils unterschiedliche Posten des Jahresabschlusses.

Die Verrechnungsvorgänge in einem Elektrizitätsversorgungsunternehmen (in einem Gasversorgungsunternehmen sind sie ähnlich) veranschaulicht das folgende Schaubild:

---

42 A.A. Hans Josef Lurweg, Erik Ohde, Energiewirtschaftsgesetz, Frankfurt am Main 1999, S. 17. Lurweg/Ohde geben der Schlüsselung Vorrang vor der innerbetrieblichen Leistungsverrechnung. Sie begründen dies damit, dass das EnWG für die Erstellung der Bereichsabschlüsse nicht mit der Fiktion selbstständiger Unternehmen arbeite und dass bei der Vornahme innerbetrieblicher Leistungsverrechnungen die Bereichsabschlüsse insofern nicht aus dem Gesamtabschluss abgeleitet seien. Im übrigen sind - soweit ersichtlich - weder der Literatur noch den Meinungsäußerungen der Verbände und des IDW Bedenken gegen innerbetriebliche Leistungsverrechnungen im Rahmen dieser Segmentierungen zu entnehmen.

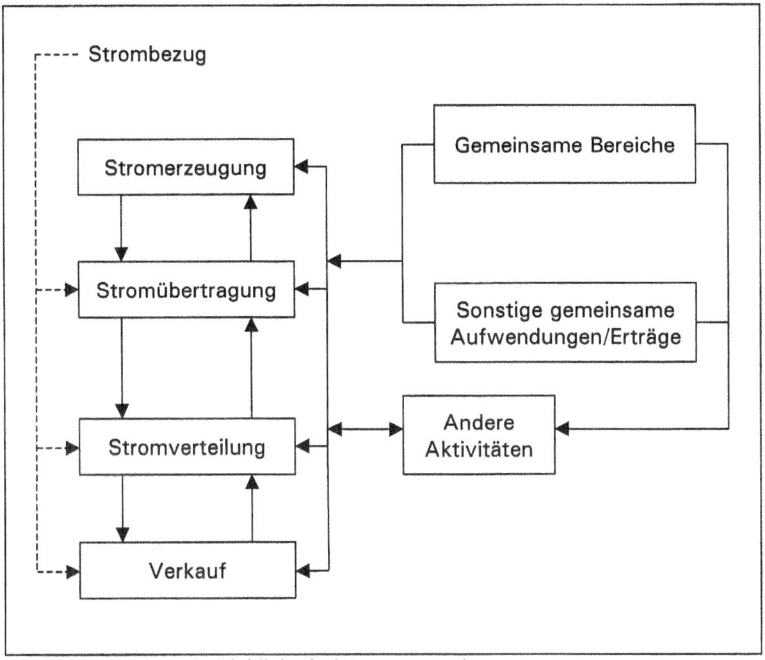

Abb. 3 Innerbetriebliche Leistungsverrechnung

Werden Aufwendungen und Erträge (einseitig) über Umlagen weiterverrechnet/zugeordnet, so ergeben sich keine Besonderheiten, da hier allein die in den von allen Aktivitäten beanspruchten Geschäftsbereichen angefallenen Beträge sachgerecht zugeordnet werden; diese Vorgänge bedürfen keiner Entkonsolidierung. In organisatorischer Sicht ist hierbei z.B. an Kosten-Zentren zu denken.

Die innerbetriebliche Leistungsverrechnung – sowohl vertikal zwischen den Aktivitäten der Stromversorgung oder der Gasversorgung als auch horizontal zwischen dem jeweiligen Energiebereich und den sonstigen Aktivitäten – ist im Rahmen der Segmentierung des Gesamt-Abschlusses zu berücksichtigen. Im technischen Sinne führt dies zu einer Entkonsolidierung[43]. Eine möglichst weitgehende Führung getrennter Konten im Rechnungswesen kann die nachträgliche „Entkonsolidierung" erleichtern.

---

[43] Klaus Dittmar Haase, Segment-Bilanzen, Rechnungslegung diversifizierter Industrieunternehmen, Wiesbaden 1974; ders., Segmentpublizität, Prüfung der, Handwörterbuch der Revision, 2. Aufl. Stuttgart 1992; ders., Segmentbilanz, Handwörterbuch des Rechnungswesens, 3. Aufl.

Bei der Verrechnung von Leistungen stellt sich das Problem innerbetrieblicher Verrechnungspreise (Vollkosten-/Teilkostenpreise, verhandelte Preise, Marktpreise, Marktpreisäquivalente). Hier sei auch die Tatsache erwähnt, dass elektrischer Strom häufig als Kuppelprodukt mit Wärme erzeugt wird; bei Kuppelprodukten gibt es bekanntlich sinnvolle, plausible, begründbare, aber keine nachweisbar „richtigen" Kostenaufteilungen. Die Frage der zweckmäßigen Verrechnungspreise stellt sich bei der Leistungsverrechnung zwischen segmentierungspflichtigen Aktivitäten ähnlich wie auch sonst. U.E. wäre es falsch, in der Leistungsverrechnung lediglich eine Aufwandzuordnung ohne Marge zu erblicken[44]. Für sinnvolle betriebswirtschaftlich definierte Verrechnungspreise spricht die von den Richtlinien vorgegebene Fiktion der Aktivitäten/Tätigkeiten als „separate Firmen"; für einen Teilbereich – innerbetrieblich, im Konzern oder mit assoziierten Unternehmen bzw. mit Dritten verrechnete Durchleitungsentgelte – ergibt sich dies auch aus § 6 Abs. 1 EnWG. Aber auch die allgemeine Logik der Segmentierung stützt diese Interpretation (s. hierzu auch IAS 14 Nr. 75 und 80). Schließlich würde auch kein den tatsächlichen Verhältnissen entsprechendes Bild der Ertragslage der Segmente vermittelt, wenn nur das jeweils letzte Glied in einer mehrstufigen innerbetrieblichen Wertschöpfungskette einen Markterfolg ausweisen würde; so erstellte Segmentabschlüsse ständen nicht im Einklang mit § 264 Abs. 2 HGB.

Den Unternehmen ist die Auswahl des Preises grundsätzlich freigestellt. Wesentlich ist, dass dieser Preis plausibel, sachgerecht, nachvollziehbar und willkürfrei ist; Willkürfreiheit bedeutet dabei, dass die Preise für die eigene und die fremde Inanspruchnahme der Leistungen bei gleichen Bedingungen nicht differieren dürfen. Auch der Grundsatz der Stetigkeit ist zu beachten[45] (vgl. Abschn. 3.1).

Stuttgart 1993. DRS 3 (Anlage 2) fordert die gesonderte Darstellung von Intersegmenterlösen. Auch IDW ERS ÖFA 2, Tz 38 und 39 sieht die Darstellung der innerbetrieblichen Leistungsbeziehungen vor.

44 So auch IDW ERS ÖFA 2, Tz 39. Falls nicht zu Aufwendungen verrechnet wird, sind „nachvollziehbare Maßstäbe anzulegen, die im Anhang gemäß § 9 Abs. 3 EnWG bzw. bei Gasversorgungsunternehmen in der internen Buchführung gemäß § 9a Abs. 3 EnWG anzugeben sind". In der Praxis scheinen sich Marktpreise durchgesetzt zu haben. Siehe Padberg u.a., Zur Aussagekraft der Segmentinformationen von Elektrizitätsversorgungsunternehmen nach § 9 EnWG, Versorgungswirtschaft 2001, S. 81 ff.

45 Zur Verrechnung innerbetrieblicher Leistungen äußert sich ähnlich auch das International Accounting Standards Committee, International Accounting Standard IAS 14 (revised 1997), Segment Reporting, London 1997, Nr. 75 und 80.

Aus der laufenden Verrechnung werden sich in der Bilanz in der Regel keine Schwebeposten ergeben, da üblicherweise die innerbetrieblichen Be- und Entlastungen als einheitlicher Buchungsvorgang behandelt werden.

Die Aufwendungen und Erträge aus Innenumsätzen sind wie die aus Geschäften mit Dritten zu behandeln. Ein gesonderter Ausweis oder die Information durch Davon-Vermerke dient der Klarheit; zwingend zu fordern ist dies aber nicht[46].

Anstelle einer innerbetrieblichen Leistungsverrechnung kann auch die retrograde Verteilung von Erträgen (einschließlich einer innerbetrieblich erwirtschafteten Marge) und Aufwendungen gewählt werden; dies erfordert die Ableitung von Zuordnungskriterien, die innerbetriebliche Wertschöpfungsabläufe wiedergeben. Obwohl dieses vereinfachte Vorgehen den Grundsätzen der Segmentierung nicht so konsequent entspricht wie die Leistungsverrechnung (mit Entkonsolidierung), halten wir es aus Gründen der Wirtschaftlichkeit gleichfalls für vertretbar und für sachgerecht[47].

3.3 Wahl der Zuordnungsmethodik

Im Rechnungswesen sind bereits bei der Einrichtung und Untergliederung von Konten die Voraussetzungen für möglichst weitgehende direkte Zuordnungen zu schaffen.

Obwohl die indirekte Zuordnung über Schlüssel als subsidiäres Verfahren anzusehen ist, wird in vielen Fällen (z.B. bei Vermögensgegenständen der Betriebs- und Geschäftsausstattung) die aufwändigere direkte Zuordnung im Vergleich zur Schlüsselung nur zu einem geringen und für die einzelne Aktivität unbedeutenden Informationsgewinn führen; in diesen Fällen erscheint eine Schlüsselung trotz der damit möglicherweise einhergehenden Ungenauigkeiten ausreichend.

Nach unserer Auffassung (s. Abschn. 3.2.2) ist es dem Bilanzierenden nicht grundsätzlich verwehrt, bei der Erstellung von Aktivitätenabschlüssen auch retrograd vorzugehen. Entscheidender Vorteil der progressiven Methode ist, dass hiermit bei den

---

[46] So u.E. auch implizit IDW ERS ÖFA 2, Tz. 39 und 40.

einzelnen Aktivitäten Abweichungen zwischen den Ergebnissen lt. Gewinn- und Verlustrechnungen und denen der Bilanzen vermieden werden. Nur eine fortlaufende, progressive Erfassung und Segmentierung ermöglicht es zudem, unterjährig – vom EnWG allerdings nicht geforderte – Zwischenabschlüsse ohne zeitaufwändige Ergänzungsarbeiten zu entwickeln.

Die ausschließliche Anwendung der progressiven Methode kann angesichts des damit einhergehenden zusätzlichen Aufwands aus Wirtschaftlichkeitsüberlegungen nicht gefordert werden. So wird der Informationsgewinn einer konsequenten Separierung (wie bei rechtlich selbstständigen Unternehmen) z.B. bei gemeinsam genutzten Anlagen und bei den Zahlungsmittelkonten kaum die laufende vollständige Buchung rechtfertigen können, wenn auch andere Verfahren (annähernd) gleichwertige Aussagen ermöglichen. Zudem wird eine Vielzahl der die Bestandskonten betreffenden Segmentierungsbuchungen (insbesondere bezüglich der Debitoren- und der Kreditorenbuchhaltung) für die Ableitung von Aktivitäten-Bilanzen irrelevant sein, da sie durch Be- und Entlastungen während des Geschäftsjahres zum Abschlussstichtag ohnehin ausgeglichen sind.

Die oben (Abschn. 3.2.4) bereits angesprochene Wahl zwischen der geschlüsselten Zuordnung von Zahlen der Gesamtbilanz und -GuV-Rechnung und der innerbetrieblichen Leistungsverrechnung sollte in Abhängigkeit davon beantwortet werden, ob und in welchem Umfang im Unternehmen Verfahren der innerbetrieblichen Leistungsverrechnung angewendet werden. Sie sollten dann auch für die Segmentierung nutzbar gemacht werden. Ein Ignorieren der innerbetrieblichen Leistungsverrechnungen und ihr Ersatz durch – dann zwingend retrograde – schlüsselmäßige Zuordnung von Jahresabschlusszahlen kann jedenfalls nicht gefordert werden.

Die Festlegung der Vorgehensweise wird damit wesentlich von den Möglichkeiten im Rechnungswesen des Bilanzierenden sowie von den von diesem verfolgten Zielen unter Berücksichtigung des Aufwands und der Zielerreichung bei den denkbaren Verfahren bestimmt.

---

[47] Vgl. hierzu auch die Auffassung von Lurweg und Ohde (s. Fußnote 36).

Exkurs:

Segmentberichterstattung gem. § 297 Abs. 1 S. 2 HGB[48]

1. Zielsetzung und Geltungsbereich

Für nach dem 31.12.1998 beginnende Geschäftsjahre sieht der im Rahmen des Gesetzes zur Kontrolle und Transparenz im Unternehmensbereich (KontraG) vom 27.04.1998 (BGBl. I S. 786) neu eingefügte § 297 Abs. 1 S. 2 HGB eine Erweiterung des Konzernanhangs von börsennotierten Mutterunternehmen um eine Segmentberichterstattung für den Konzern vor. Mit dieser neuen Verpflichtung beabsichtigte der Gesetzgeber, den handelsrechtlichen Konzernabschluss an den Umfang international üblicher Standards für den Konzernabschluss börsennotierter Unternehmen anzupassen. Hierbei handelt es sich um den im Jahr 1997 vom International Accounting Standards Committee (IASC) überarbeiteten IAS 14 "Financial Reporting for Segments of a Business Enterprise" und den ebenfalls im Jahr 1997 vom Financial Accounting Standards Board (FASB) herausgegebenen US-amerikanischen SFAS 131 "Disclosures about Segments of an Enterprise and Related Information". Der Gesetzgeber verzichtete bewusst auf eine gesetzliche Festlegung der einzelnen Voraussetzungen und Ausgestaltungsregeln, sondern überließ diese Aufgabe dem Deutsches Rechnungslegungs Standards Committee e.V. (DRSC), dessen Standardisierungsrat am 20.12.1999 den deutschen Rechnungslegungsstandard Nr. 3 Segmentberichterstattung (DRS 3) verabschiedete. Ebenfalls am 20.12.1999 verabschiedete das DRSC den DRS 3-10 (Segmentberichterstattung von Kreditinstituten) und den DRS 3-20 (Segmentberichterstattung von Versicherungsunternehmen); alle drei Standards wurden am 31.05.2000 im Bundesanzeiger veröffentlicht. Damit gilt gem. § 342 Abs. 2 HGB für diese Standards die Vermutung, dass es sich hierbei um die Konzernrechnungslegung betreffende Grundsätze ordnungsmäßiger Buchführung handelt.

Ziel der Segmentberichterstattung nach § 297 Abs. 1 Satz 2 HGB ist es, Informationen über die wesentlichen Geschäftsfelder eines Unternehmens und sein Umfeld zur Verfügung zu stellen, um den Einblick in die Vermögens-, Finanz- und Ertragslage und damit in die Chancen und Risiken der einzelnen Geschäftsfelder zu verbessern.

Da GmbHs nicht börsennotiert sein können, muss es sich bei dem Mutterunternehmen um eine AG oder eine KgaA handeln. Allerdings ist eine Segmentberichterstattung nach DRS 3 Tz. 4 auch für Mutterunternehmen in der Rechtsform der GmbH (oder für Einzelunternehmen) zu empfehlen.

---

[48] S. hierzu: Hans-Joachim Bocking, Segmentberichterstattung – Ein Baustein zur Kontrolle und Transparenz im Unternehmensbereich, in: Dietrich Dörner, Dieter Menold, Norbert Pfitzer (Hrsg.), Reform des Aktienrechts, der Rechnungslegung und Prüfung – KonTraG, KapAEG, EuroEG, StückAG, Stuttgart 1999, S. 509; Dieter Ordelheide, Michael Stubenrath, Segmentberichterstattung: US-GAAP im Vergleich zum HGB/DRS, in: Wolfgang Ballwieser (Hrsg.), US-amerikanische Rechnungslegung – Grundlagen und Vergleiche mit deutschem Recht, 4. Aufl. Stuttgart 2000, S. 379; Axel Haller, Segmentpublizität, in: Wolfgang Ballwieser, Adolf G. Coenenberg, Klaus v. Wysocki, Handwörterbuch der Rechnungslegung und Prüfung, 3. Aufl. Stuttgart 2002.

2. Konzeptionelle Basis der Segmentberichterstattung

Nach DRS 3 Tz. 9 ist primär anhand der operativen Segmente des Unternehmens zu segmentieren. Unter einem operativen Segment ist hierbei nach DRS 3 Tz. 8 ein Teil eines Unternehmens zu verstehen, der

a) geschäftliche Tätigkeiten entfaltet, die potentiell oder tatsächlich zu externen bzw. intersegmentären Umsatzerlösen führen, und
b) der regelmäßig von der Unternehmensleitung überwacht wird, um seine wirtschaftliche Lage zu beurteilen.

Dabei sind grundsätzlich die Kriterien zu Grunde zu legen, nach denen die Unternehmensleitung Teileinheiten des Unternehmens bestimmt, die sie ihrer wirtschaftlichen Beurteilung und ihren operativen Entscheidungen, insbesondere auch im Hinblick auf die Ressourcenallokation zu Grunde legt. Die Segmentierung ergibt sich somit aus der internen Organisations- und Berichtsstruktur des Unternehmens entsprechend den Steuerungserfordernissen, wobei auf die unterschiedlichen Chancen und Risiken der Aktivitäten des Unternehmens abgestellt wird. Nach DRS 3 Tz. 10 wird sich danach in der Regel eine produktorientierte oder eine geografische Segmentierung ergeben.

Hinsichtlich der Definition von operativen Segmenten besteht ein wesentlicher Unterschied zwischen SFAS 131 und DRS 3 auf der einen und IAS 14 auf der anderen Seite darin, dass bei den ersten beiden Standards auch Segmente gesondert zu erfassen sind, die ihre Leistungen ausschließlich oder überwiegend an andere operative Segmente abgeben. Nach IAS 14 besteht für solche vertikal integrierten Segmente dagegen keine Pflicht zu einer gesonderten Abbildung[49].

3. Abgrenzung der Segmente

Unter einem produktorientierten Segment wird eine Teileinheit eines Unternehmens verstanden, die anhand gleicher oder ähnlicher Produkte oder Dienstleistungen abgegrenzt werden kann. Abgrenzungsmerkmale eines produktorientierten Segments sind insbesondere:

- die Gleichartigkeit der Produkte und Dienstleistungen,
- die Gleichartigkeit der Produktions- oder Dienstleistungsprozesse,
- die Gleichartigkeit der Kundengruppen,
- die Gleichartigkeit der Methoden des Vertriebs oder der Bereitstellung von Produkten und Dienstleistungen und geschäftszweigbedingte Besonderheiten, z.B. für Kreditinstitute, Versicherungen oder für öffentliche Versorgungsbetriebe.

Unter einem geografischen Segment wird eine Teileinheit eines Unternehmens verstanden, die nach einem spezifischen regionalen Umfeld abgegrenzt werden kann. Abgrenzungsmerkmale für ein geografisches Segment sind insbesondere:

---

[49] Institut der Wirtschaftsprüfer in Deutschland e.V. (Hrsg.), Wirtschaftsprüfer-Handbuch 2000,Bd. I, Düsseldorf 2000, M 820.

- Gleichartigkeit der wirtschaftlichen und politischen Rahmenbedingungen,
- Nähe der Beziehungen zwischen Tätigkeiten in unterschiedlichen geografischen Regionen,
- räumliche Nähe der Tätigkeiten zueinander,
- spezielle Risiken von Tätigkeiten in einem bestimmten Gebiet,
- Gleichartigkeit der Außenhandels- und Devisenbestimmungen,
- gleichartiges Währungsrisiko.

Nach DRS 3 Tz. 12 müssen die anzugebenden Segmente mindestens 75 % der Umsatzerlöse erreichen. Operative Segmente, die im Verhältnis zueinander homogene Chancen und Risiken aufweisen, dürfen allerdings zusammengefasst werden, wenn dadurch die Klarheit und Übersichtlichkeit verbessert wird. Ein operatives Segment ist nach DRS 3 Tz. 15 immer dann ein anzugebendes Segment, wenn
- seine Umsatzerlöse mit externen Kunden und mit anderen Segmenten mindestens 10 % der gesamten externen und intersegmentären Umsatzerlöse ausmachen, oder
- sein Ergebnis mindestens 10 % des zusammengefassten Ergebnisses aller operativen Segmente mit positivem Ergebnis oder aller operativen Segmente mit negativem Ergebnis beträgt, wobei der jeweils größere Betrag maßgebend ist, oder
- sein Vermögen mindestens 10 % des gesamten Vermögens aller operativen Segmente ausmacht.

4. Segmentierungsgrundsätze

Die Segmentberichterstattung nach § 297 Abs. 1 S. 2 HGB hat mit den Bilanzierungs- und Bewertungsmethoden des zu Grunde liegenden Konzernabschlusses übereinzustimmen. Die Beträge sind vor Konsolidierungsmaßnahmen zu ermitteln, jedoch sind innerhalb eines anzugebenden Segments Konsolidierungen vorzunehmen.

Nach DRS 3 Tz. 22 haben die für die Segmente ausgewiesenen Vermögensgegenstände und Schulden sowie die Aufwendungen und Erträge miteinander zu korrespondieren. Werden Vermögensgegenstände von mehr als einem Segment genutzt und sind Schulden mehr als einem Segment zuzurechnen, ist aufzuteilen, wenn dies nach einem sachgerechten Schlüssel möglich ist und die korrespondierenden Komponenten des Segmentergebnisses nach den gleichen Kriterien zugeordnet werden.

Für jedes anzugebende Segment und die zusammengefassten sonstigen Segmente sind nach DRS Tz. 31 bis 33 anzugeben:

- Umsatzerlöse unterteilt nach Umsatzerlösen mit Dritten und mit anderen Segmenten,
- Segmentergebnis sowie die darin enthaltenen
  - Abschreibungen,
  - andere nicht zahlungswirksame Posten,
  - Ergebnis aus Beteiligungen an assoziierten Unternehmen,
  - Erträge aus sonstigen Beteiligungen,
- Vermögen einschließlich der Beteiligungen,
- Investitionen in das langfristige Vermögen,

- Schulden,
- Zinsertrag und Zinsaufwand,
- Ertragsteuern (wenn als Segmentergebnis das Periodenergebnis angegeben wird).

Den Zahlen des Berichtszeitraumes sind die entsprechenden Zahlen der Vorperiode gegenüber zu stellen; dies gilt auch für neu hinzugekommene Segmente. Im Anhang sind außerdem die Merkmale für die Abgrenzung der operativen Segmente und etwaige Zusammenfassungen zu beschreiben.

Zur Schaffung einer größeren Transparenz sind gem. DRS 3 Tz. 45 die Grundlagen zur Bestimmung der Verrechnungspreise anzugeben. Dies ist gerade bei der Verwendung nicht marktgerechter Preise von großer Bedeutung, da ansonsten der Verteilungsmodus zwischen den Segmenten nicht nachvollziehbar wäre und damit etwaige Quersubventionierungen nicht erkennbar würden[50].

5. Unterschiede zu anderen Segmentierungen

Der wesentliche Unterschied der Segmentberichterstattung gem. § 297 Abs. 1 S. 2 HGB (ähnlich IAS 14, SFAS 131) zur Segmentierung nach dem EnWG besteht darin, dass die erstgenannte Segmentierung nur ausgewählte Bilanz- und GuV-Posten erfasst, wohingegen das EnWG verlangt, ein in sich geschlossenes Zahlenwerk (Bilanz und GuV-Rechnung) vollständig zu segmentieren. Wesentlich ist auch, dass das HGB für die Segmentbildung nur die Kriterien vorgibt, das EnWG aber die Segmente definiert.

Zwischen der Segmentberichterstattung gem. § 297 Abs. 1 Satz 2 HGB und IAS besteht ein wesentlicher Unterschied darin, dass bei der handelsrechtlichen Segmentierung entweder nach produktorientierten oder nach geografischen Märkten segmentiert werden muss, während bei der Segmentierung nach IAS die jeweilige primäre (vorrangige) Segmentierung (entweder geografisch oder produktorientiert) durch eine sekundäre (nachrangige) Segmentierung mit geringerem Informationsumfang ergänzt werden muss.

---

50 Hans-Joachim Böcking, Birka Beneke, Neue Vorschriften zur Segmentberichterstattung nach IAS und US-GAAP unter dem Aspekt des Business-Reporting, WPg 1998, S. 92.

Exkurs:

Segmentierung nach dem Transparenzrichtlinie-Gesetz[51]

1. Einführung

Die Richtlinie 2000/52/EG der Kommission vom 26. Juli 2000 "zur Änderung der Richtlinie 80/723/EWG über die Transparenz der finanziellen Beziehungen zwischen den Mitgliedsstaaten und den öffentlichen Unternehmen" (Transparenzrichtlinie) wurde am 29. Juli 2000 im Amtsblatt der Europäischen Gemeinschaften (L 194/75) veröffentlicht. Sie trat am 18. August 2000 in Kraft. Die Änderungsrichtlinie gilt nicht unmittelbar; sie bedurfte der Umsetzung durch die Mitgliedstaaten, denen dafür gemäß Art. 2 der Änderungsrichtlinie eine Frist bis zum 31. Juli 2001 eingeräumt wurde. Der deutsche Gesetzgeber erfüllte diese Vorgabe durch das "Gesetz zur Umsetzung der Richtlinie 2000/52/EG der Kommission vom 26. Juli 2000 zur Änderung der Richtlinie 80/723/EWG über die Transparenz der finanziellen Beziehungen zwischen den Mitgliedstaaten und den öffentlichen Unternehmen (Transparenzrichtlinie-Gesetz - TranspRLG)" vom 16. August 2001, BGBl. I S. 2141. Das TranspRLG trat am Tag nach der Verkündung (22. August 2001) in Kraft. Im Folgenden sollen insbesondere die Auswirkungen auf das Rechnungswesen der betroffenen Unternehmen sowie Vergleiche und Querverbindungen zu anderen Segmentierungsregelungen deutlich gemacht werden.

Die Transparenzrichtlinie verpflichtete bisher schon die Mitgliedstaaten, die finanziellen Beziehungen zwischen der öffentlichen Hand und den öffentlichen Unternehmen transparent zu gestalten. Die Änderungsrichtlinie und deren Umsetzung in nationales Recht brachte – ergänzend zu den fortbestehenden Verpflichtungen des bisherigen Richtlinientextes – Auflagen, von denen nunmehr insbesondere die betroffenen Unternehmen erfasst werden und deren Kern eine Segmentierung der Kostenrechnung nach Geschäftsbereichen ist.

2. Betroffene Unternehmen nach dem TranspRLG

Die Vorschriften des TranspRLG gelten gem. § 1 Abs. 1 "für Unternehmen,

1. denen zur Ausübung bestimmter Tätigkeiten besondere oder ausschließliche Rechte im Sinne des Artikels 86 Abs. 1 des Vertrages zur Gründung der Europäischen Gemeinschaft gewährt werden oder

---

[51] Hierzu ausführlich: Heinz Bolsenkötter, Michael Poullie, Auswirkungen der EU-Transparenzrichtlinie auf das Rechnungswesen: ZögU 2001, S. 204. S. auch Gabriele Britz, Staatliche Förderung gemeinwirtschaftlicher Dienstleistungen in liberalisierten Märkten und Europäisches Wettbewerbsrecht - Zur Neufassung der Transparenzrichtlinie -, in: DVBl 2000, S. 1641; Karl Soukup, Transparenz-Richtlinie und die Erfüllung öffentlicher Aufgaben, in: Helmut Brede (Hrsg.), Wettbewerb in Europa und die Erfüllung öffentlicher Aufgaben, Baden-Baden 2000/2001, S. 93; Karl Soukup, Auswirkungen der neuen Transparenz-Richtlinie auf öffentliche Unternehmen, in ZögU 2001, S. 86.

2. die mit Dienstleistungen von allgemeinem wirtschaftlichem Interesse im Sinne des Artikels 86 Abs. 2 des Vertrages zur Gründung der Europäischen Gemeinschaft betraut sind und hierfür staatliche Beihilfen in jedweder Form (einschließlich Ausgleichszahlungen) erhalten, die nicht für einen angemessenen Zeitraum im Rahmen eines offenen, transparenten und nicht diskriminierenden Verfahrens festgesetzt wurden."

Gem. § 1 Abs. 2 TranspRLG gelten sie dagegen nicht "für Unternehmen,
1. die neben den Tätigkeiten im Sinne des Absatzes 1 keine weiteren Geschäftstätigkeiten ausüben,
2. deren Tätigkeit nach Art und Umfang nicht geeignet ist, den Handel zwischen den Mitgliedstaaten der Europäischen Union merklich zu beeinträchtigen, oder
3. die in den letzten beiden abgeschlossenen Geschäftsjahren Umsatzerlöse von jeweils weniger als 40 Millionen Euro erzielt haben. Für die Ermittlung der Umsatzerlöse gilt § 277 Abs. 1 des Handelsgesetzbuchs. Bei Kreditinstituten tritt an die Stelle des Merkmals der Umsatzerlöse eine Bilanzsumme von 800 Millionen Euro."

§ 1 Abs. 1 TranspRLG regelt nunmehr nationalstaatlich die Verpflichtung zur Segmentierung für die – über Art. 86 i.V. mit Art. 16 EGV – betroffenen Unternehmen; das müssen nicht in jedem Falle öffentliche Unternehmen sein. Hieraus ergibt sich, dass ein Unternehmen von den Verpflichtungen gem. § 3 Abs. 1 TranspRLG nur dann erfasst wird, wenn es entweder unter Art. 86 Abs. 1 EG-Vertrag oder unter Art. 86 Abs. 2 EG-Vertrag fällt und hierfür staatliche Beihilfen erhält und mindestens ein anderes getrenntes Produkt oder eine andere Dienstleistung anbietet (also außerhalb von Art. 86 EG-Vertrag)[52]. In Nr. 8 der Erwägungsgründe zur Änderungsrichtlinie wird – für die unter Art. 86 Abs. 2 EG-Vertrag fallenden Unternehmen – klargestellt, dass die Verpflichtung, getrennte Bücher zu führen, nicht für Unternehmen gelten soll, "deren Tätigkeiten auf die Erbringung von Dienstleistungen von allgemeinem wirtschaftlichen Interesse beschränkt ist (gemeint: sind) und keine Tätigkeiten außerhalb dieser Dienstleistungen ausüben".

Der Gesetzgeber verfolgt mit dem TranspRLG nicht weiter den in einer Reihe von Wirtschaftsbereichen (Eisenbahn-, Straßen- und Binnenschiffsverkehr, Telekommunikation, Elektrizitäts- und Gassektor) beschrittenen Weg sektorspezifischer Transparenzregelungen, sondern fordert generell eine Transparenz ein, wobei hier allerdings der Aspekt staatlicher Beihilfen besonderes Gewicht hat. Diese generelle Transparenz ist aber weder inhaltlich noch hinsichtlich des Adressatenkreises umfassender als die durch die Spezialregelungen geforderte Transparenz; sie überlagert oder ändert nicht die Spezialregelungen, sondern ergänzt sie hinsichtlich des Kreises der betroffenen Unternehmen (Nr. 9 der Erwägungsgründe zur Richtlinie).

52 S. hierzu Soukup in: ZögU a.a.O.; ebenso auch Britz a.a.O. (hier S. 1648). Britz weist darauf hin, dass dies genau die Konstellationen sind, in denen es durch Quersubventionierung zum Verstoß gegen Art. 82 oder 87 EG-Vertrag kommen kann.

Gem. § 3 Abs. 2 TranspRLG haben bei einer Überschneidung Spezialvorschriften der Gemeinschaft Vorrang; dies gilt z.B. für die Energiebinnenmarkt-Richtlinien. Die Vorrangregelung gilt jedoch nicht für Unternehmen, sondern für Geschäftsbereiche, so dass Querverbundunternehmen gleichzeitig von verschiedenen Segmentierungsregelungen betroffen sein können. Der Begriff "Geschäftsbereich" der Transparenzrichtlinie dürfte so zu verstehen sein, dass hierunter Sparten wie Strom, Gas, Wasser, Fernwärme u.ä. fallen und nicht etwa Aktivitäten innerhalb der Sparten (z.B. Wassergewinnung und -verteilung). Wo eine solche weitergehende Aufteilung als geboten erachtet wird, wäre sie ggf. durch eine sektorspezifische Regelung vorzugeben (so z.B. in der Strom- und Gasversorgung geschehen). Als nicht sektorspezifisch geregelt kommen für eine Anwendung des TranspRLG im Ver- und Entsorgungsbereich insbesondere die Fernwärme, Wasser, Abwasserbehandlung und Abfallentsorgung infrage.

3. Anforderungen des § 3 Abs. 1 TranspRLG

Nach § 3 Abs. 1 TranspRLG sind die Unternehmen verpflichtet, "intern getrennte Konten zur Erfassung der Kosten und Erlöse einerseits für alle Geschäftsbereiche im Sinne des § 1 Abs. 1 und andererseits für jeden weiteren Geschäftsbereich zu führen. Alle Kosten und Erlöse sind den jeweiligen Bereichen nach objektiv gerechtfertigten und einheitlich angewandten Kostenrechnungsgrundsätzen zuzuordnen. Die zugrunde gelegten Kostenrechnungsgrundsätze müssen eindeutig bestimmt sein."

Gem. § 5 TranspRLG kann für die Kommission nur die nach Landesrecht zuständige Behörde die Informationsrechte aufgrund des TranspRLG ausüben. Die Konten und sonstigen Aufzeichnungen müssen der Kommission gem. § 4 TranspRLG fünf Jahre lang vom Ende des Wirtschaftsjahres an gerechnet zur Verfügung stehen, auf das sich die Angaben beziehen.

4. Abgrenzung von Geschäftsbereichen

Im Falle einer Verpflichtung zur Segmentierung nach § 3 Abs. 1 TranspRLG ist eine Trennung zwischen den verschiedenen Produkten und Dienstleistungen gem. Art. 86 Abs. 1 und Art. 86 Abs. 2 EG-Vertrag (z.B. zwischen den Versorgungsaktivitäten eines Stadtwerkeunternehmens) für den Normalfall nicht vorgesehen (in manchen Fällen dürften auch Abs. 1 und 2 des Art. 86 EG-Vertrag nebeneinander einschlägig sein[53]); anderes gilt, "wenn dies für die Zuweisung der Kosten und Einnahmen zwischen diesen Dienstleistungen und Waren" und denen, die – vereinfacht formuliert – nicht unter Art. 86 EG-Vertrag fallen, erforderlich ist (Nr. 7 der Erwägungsgründe zur Richtlinie).

---

[53] So auch Pernice in Grabitz/Hilf, EGV Art. 90 Rdnr. 31 (Art. 90 EG-Vertrag a.F. entspricht dem heutigen Art. 86); Decker in Ludwig/Odenthal, Recht der Elektrizitäts-, Gas- und Wasserversorgung, Art. 86 EGV Rn. 17.

Unter den "verschiedenen Geschäftsbereichen" sind gemäß Art. 2 Abs. 1 e) TransparenzRL - das TranspRLG sagt hierzu nichts - "auf der einen Seite alle Produkte oder Dienstleistungen, für die ein Unternehmen besondere oder ausschließliche Rechte erhalten hat, oder alle Dienstleistungen von allgemeinem wirtschaftlichen Interesse, mit denen ein Unternehmen betraut worden ist, sowie auf der anderen Seite jedes andere getrennte Produkt oder jede andere Dienstleistung des Unternehmens" zu verstehen.

Andererseits ist jedoch jedes andere getrennte Produkt/jede andere Dienstleistung gesondert nachzuweisen; hierfür spricht insbesondere der Wortlaut von § 3 Abs. 1 S. 1 TranspRLG ("einerseits für alle Geschäftsbereiche im Sinne des § 1 Abs. 1 und andererseits für jeden weiteren Geschäftsbereich"). Es ist noch zu diskutieren, was hier nach als Produkt oder Dienstleistung zu verstehen ist; ein zu weit gehendes Herunterbrechen in "kleine Karos" ist sicherlich nicht sach- und zielgerecht. Bei der Erörterung dieser Frage dürfen die Ziele der Transparenzrichtlinie nicht unberücksichtigt bleiben; hierzu gehört es insbesondere, dass nachvollziehbar sein muss, ob Beihilfen unzulässigerweise in den Wettbewerbsbereich geflossen sind (s. hierzu die Erwägungsgründe 7 und 8 zur Änderungsrichtlinie).

5. Verfahren und Grundsätze der Segmentierung

5.1 Hinweise zum Verfahren der Segmentierung

§ 1 Abs. 1 TranspRLG verlangt, dass die internen Konten, die den verschiedenen Geschäftsbereichen entsprechen, getrennt geführt werden, alle Kosten und Erlöse nach objektiv gerechtfertigten und einheitlich angewandten Kostenrechnungsgrundsätze zugeordnet werden und die Kostenrechnungsgrundsätze, die der getrennten Buchführung zugrunde liegen, eindeutig bestimmt sind. Hierdurch werden andere Rechnungskategorien – nämlich Kosten und Leistungen – angesprochen, als sie sich im handelsrechtlichen Jahresabschluss und in der Geschäftsbuchhaltung niederschlagen und die nach den bisherigen sektorspezifischen Regelungen zu segmentieren sind. Man mag darüber diskutieren, ob dies theoretisch und praktisch sinnvoll ist; der Richtlinientext (auch in anderen Sprachen) ist aber eindeutig.

Für die Rechtfertigung dieser Linie des Richtliniengebers könnte Art. 5 TransparenzRL sprechen, wonach die Angaben über die Finanz- und Organisationsstruktur der Unternehmen nur der Kommission zur Verfügung stehen sollen. Damit ist die Publizität der bereitzustellenden Informationen nach der TransparenzRL im Vergleich zu den sektorspezifischen Regelungen insbesondere der Elektrizitätsbinnenmarkt-Richtlinie (Einbeziehung in die Jahresabschluss-Publizität), aber auch der Erdgasbinnenmarkt-Richtlinie deutlich eingeschränkt; eine Verwendung auch "sensibler" Informationsgrößen wie Kosten und Erlöse wäre somit vertretbar. Eine systematische Schwäche der Vorgabe, Kosten und Erlöse zu verwenden, kann man darin erblicken, dass nach allen Kosten- und Leistungsrechnungssystemen die Erlöse begrifflich keine Beihilfen enthalten; gerade diese aber sollen durch die TransparenzRL transparent gemacht werden.

Der Richtliniengeber verpflichtet die segmentierungspflichtigen Unternehmen nicht, ein bestimmtes System der Kosten- und Leistungsrechnung anzuwenden, ebensowenig auch, überhaupt ein vollständiges Kosten- und Leistungsrechnungssystem aufzubauen; er gibt in § 3 Abs. 1 TranspRLG konkretisierte Anforderungen vor, denen ggf. auch auf vereinfachtem Wege entsprochen werden kann, indem z.B. die in der Geschäftsbuchhaltung erfaßten Aufwendungen und Erträge um neutrale Aufwendungen und Erträge bereinigt und indem andererseits kalkulatorische Kosten und Leistungen erfaßt werden; dem kann auch durch Überleitungsrechnungen aus der Finanzbuchhaltung entsprochen werden, wenn inhaltlich den im Folgenden dargestellten Anforderungen entsprochen wird.

5.2 *Eignung allgemeiner Segmentierungsgrundsätze*

Wie für Segmentierungen des handelsrechtlichen (Gesamt-)Abschlusses sind auch für die geschäftsbereichsorientierte Rechnungslegung nach dem TranspRLG übergreifende Normen in Gestalt von Segmentierungsgrundsätzen erforderlich.

Die in Abschn. 2.1 dieser Schrift dargestellten allgemein anerkannten Grundsätze der Segmentierung von Jahresabschlüssen sind grundsätzlich auch bei der Segmentierung nach dem TranspRLG zu beachten.

Der Grundsatz der *Maßgeblichkeit* des (handelsrechtlichen) Jahresabschlusses für die Aktivitätenabschlüsse und damit insbesondere die pagatorische Bewertung und die Übereinstimmung in den Bilanzierungs- und Bewertungsmethoden für die Geschäftsbereichsrechnungen nach dem TranspRLG kann hingegen nicht gelten, da gem. § 1 Abs. 1 TranspRLG als relevante Größen ausschließlich Kosten und Erlöse zugrunde zu legen sind. Dennoch bestehen systematische Verknüpfungen mit der dem Jahresabschluss zugrundeliegenden Finanzbuchhaltung; Abweichungen können betreffen

- kalkulatorische Umbewertungen (z.B. lineare statt degressiver Abschreibung, Eliminierung bilanzpolitischer Sonderabschreibungen),
- Berücksichtigung von Zeitwerten an Stelle historischer (pagatorischer) Werte,
- Ansatz kalkulatorischer Wagnisse und kalkulatorischer Eigenkapitalkosten.
- Nichtansatz neutraler, außergewöhnlicher und periodenfremder Vorgänge.

Die formelle Bilanzkontinuität (Bilanzidentität) – eine weitere denkbare Anforderung an Segmentrechnungen – ließe sich für die dementsprechend aus dem (handelsrechtlichen) Gesamtabschluss abgeleiteten Segmente nur bei vollständigem buchhalterischen Zusammenhang aller in den Segmentrechnungen abgebildeten Bestände und Bewegungen erreichen. Da nach dem TranspRLG Bilanzen nicht zu segmentieren sind, stellt sich dieses Problem hier nicht.

5.3 *Kostenrechnungsgrundsätze*

§ 3 Abs. 1 TranspRLG betont mehrfach die Bedeutung der Kostenrechnungsgrundsätze für die bereitzustellenden Informationen. Diese Grundsätze sind allerdings – wohl auch, weil Kostenrechnungen nicht generell normiert sind – bei weitem nicht so verfestigt wie insbesondere die Grundsätze ordnungsmäßiger Buchführung.
Die (allgemein anerkannten) Kostenrechnungsgrundsätze müssen vor dem Hintergrund des jeweils eingesetzten Kosten- und Leistungsrechnungssystems, hier aber

auch der Ziele der Transparenzrichtlinie gewürdigt werden. Die relevanten Grundsätze sind also zielorientiert zusammenzustellen.

Die Transparenzrichtlinie äußert sich – u.E. durchaus berechtigt – nur sehr vage und das TranspRLG gar nicht dazu, wie die aus dem Kosten- und Leistungsrechnungssystem gewonnenen Informationen bereitgestellt werden sollen. Der einzige Hinweis hierzu findet sich in Art. 1 Abs. 2 a). Hiernach ist eine nach den verschiedenen Geschäftsbereichen getrennte Aufstellung der Kosten und Erlöse erforderlich. Diese Aufstellung der Kosten und Erlöse dürfte mit der Ermittlung des kurzfristigen Betriebserfolgs in einer Geschäftsbereichs-Erfolgsrechnung identisch sein; andere zeitraumbezogene Auswertungen sind allen Kosten- und Leistungsrechnungssystemen unbekannt. Zu der getrennten Aufstellung nach Art. 1 Abs. 2a) gehört insbesondere keine Bilanz (die dann unter Kostengesichtspunkten zu bewerten wäre). Damit wird auch keine vollständige Segmentierung wie in den Binnenmarkt-Richtlinien verlangt (mit Einschluss der Bilanz sowie Gewinn- und Verlustrechnung). Die geforderten Segmentierungen können als Geschäftsbereichs-Erfolgsrechnungen verstanden werden.

Der Gesetzgeber hat auf die Ausgestaltung der Geschäftsbereichs-Erfolgsrechnungen keinen Einfluss genommen. In der Begründung zum Gesetzentwurf vom 11.05.2001 führt er lediglich aus, "dass die betroffenen Unternehmen im Ergebnis eine Vollkostenrechnung vorzunehmen haben", um alle Kosten gem. § 1 Abs. 1 TranspRLG zuordnen zu können. Ergänzend ist wohl davon auszugehen, dass diese Geschäftsbereichs-Erfolgsrechnungen mit Ist-Kostenansätzen zu gestalten sind.

Folgende Grundsätze dürften also relevant sein[54]:

Kompatibilität der Kostenrechnung mit der Geschäfts-(Finanz-)Buchhaltung
Sachgerechte und nachvollziehbare Zuordnung
Stetigkeit
Wesentlichkeit
Klarheit und Übersichtlichkeit

Wir haben uns hier von der üblichen kostenrechnerischen Terminologie etwas gelöst, um die Verbindung zu den in dieser Schrift dargestellten allgemeinen Grundsätzen zu erleichtern. Hierzu sei noch angemerkt:

Der Grundsatz der **Kompatibilität** ist weniger streng als der der Maßgeblichkeit. Abweichungen im Mengengerüst und in der Bewertung sind möglich und vertretbar. Sie müssen aber systemgerecht – d.h. auch begründet – und nachvollziehbar sein; wir verweisen hierzu auf die Darstellung der Zusammenhänge zwischen externen und internen Rechnungswesen in Abschn. 3.1 dieser Schrift.

Dem Grundsatz der **sachgerechten und nachvollziehbaren Zuordnung** entspricht in der kostenrechnerischen Sicht insbesondere die verursachungsgerechte Zuordnung (Grundsatz der Kausalität) mit den abgeleiteten Grundsätzen einer möglichst

[54] Heinz Bolsenkötter, Michael Poullie, Auswirkungen der Änderung der EU-Transparenzrichtlinie auf das Rechnungswesen, in: ZögU 2001, S. 204 ff. (hier: S. 214 ff.)

weitgehenden direkten Zuordnung und einer möglichst proportionalen Zuordnung auf der Basis verursachender Faktoren (Art. 3a Buchst. b).

Die TransparenzRL fordert eine korrekte Zuordnung; das impliziert u.E. sowohl die verursachungsgerechte als auch die nachvollziehbare Zuordnung (Geschlossenheit der Kostenrechnung). Das TranspRLG spricht dies an, indem es in § 1 Abs. 1 S. 2 die Verteilung aller Kosten und Erlöse fordert.

Der Grundsatz der **Stetigkeit** kann in der Kostenrechnung – ohne gesetzliche Vorgabe – ähnlich wie im Jahresabschluss interpretiert werden. Er betrifft die Verrechnungsverfahren und das System der Kostenrechnung mit dem Ziel der Vergleichbarkeit der Ergebnisse. Bei Änderungen werden also aussagefähige Erläuterungen erforderlich sein, die die Vergleichbarkeit bei Beeinträchtigungen wieder herstellen.

Auch hinsichtlich des Grundsatzes der **Wesentlichkeit** können Analogien festgestellt werden; in Verbindung mit der Kostenrechnung und den Verfahren der Kostenzuordnung wird gelegentlich auch vom Grundsatz der Wirtschaftlichkeit gesprochen (Verhältnis zwischen kostenrechnerischem Aufwand und Informationsgewinn durch weitere Verfeinerungen).

Der Grundsatz der **Klarheit und Übersichtlichkeit** kann auch als Grundsatz der Transparenz bezeichnet werden. Die Rechnungen und Auswertungen müssen aussagefähig und hinsichtlich des Zustandekommens der Daten klar und nachvollziehbar sein.
Von einem Grundsatz der **Entkonsolidierung** – er beträfe die Zuordnung der Kosten zu Kostenstellen – wird in der Literatur zur Kostenrechnung nicht gesprochen, weil es dort die korrespondierende retrograde Betrachtungsweise nicht gibt; für die Kostenrechnung ist progressives Vorgehen charakteristisch. Festzuhalten ist jedoch, dass es insoweit materiell-inhaltlich keine Abweichungen zwischen der Segmentierung mit Hilfe der Kostenrechnung und der Segmentierung einer handelsrechtlichen GuV-Rechnung gibt.

Wir halten es also für erreichbar, die Grundsätze der Kostenrechnung weitgehend in das Gefüge allgemeiner Grundsätze der Segmentierung einzuordnen.

5.4 Schema der Segmentierung nach dem TranspRLG

Schematisch lassen sich die Segmentierungsvorgänge wie folgt darstellen, wobei die nach der TranspRLG darzustellenden Segmente durch halbfetten Rahmen gekennzeichnet sind.

Kosten nach Bereichen → Arten ↓	Zahlen lt. Kostenrechnung oder GuV-Rechnung (bereinigt)	Gemeinkosten-bereiche (zu verteilen)	Bereich nach Art. 86 EGV	Bereiche außerhalb Art. 86 EGV		Ausgliede-rungen, Hilfsbetriebe u.a.
				A	B	
(Unterteilung nach Bedarf)						
Umlagen						
Leistungs-verrechnung						
Kosten gesamt						
Erträge						
Sonstiges						

Abb. 4 Segmentierung nach dem TranspRLG

6. Unterschiede zu anderen Segmentierungen

Segmentierungserfordernisse außerhalb des TranspRLG interessieren insbesondere unter zwei Aspekten:

- Haben sie eine befreiende Wirkung gem. § 3 Abs. 2 TranspRLG?
- Welche kumulativen Anforderungen können sich ergeben, wenn Segmentierungserfordernisse aufgrund anderer Vorschriften nicht zur Befreiung gem. § 3 Abs. 2 TranspRLG führen?

Befreiende Wirkung für das TranspRLG haben nur Regelungen mit europarechtlichem Hintergrund; diese haben m.a.W. Vorrang vor den Verpflichtungen aus dem TranspRLG.

6.1 Ansatzpunkte für Segment-Informationen im deutschen Recht mit europarechtlichem Hintergrund[55]

- Nach § 9 des Allgemeinen Eisenbahngesetzes (AEG) vom 27.12.1993 (BGBl. I S. 2378), zuletzt geändert durch Gesetz vom 26.08.1998 (BGBl. I S. 2521), haben öffentliche Eisenbahnen, die sowohl Eisenbahnverkehrsleistungen erbringen als auch eine Eisenbahninfrastruktur betreiben, in ihrer Rechnungsführung beide Bereiche zu trennen. Weiter heißt es: "Eine Überleitung von Subventionen von einem Bereich zum anderen ist unzulässig. Die Beachtung dieses Verbotes muss in der Rechnungsführung beider Bereiche zum Ausdruck kommen." § 9 Abs. 2 AEG dehnt diese Verpflichtung auf nicht dem öffentlichen Verkehr dienende Eisenbahnen aus, sofern sie ihre Eisenbahninfrastruktur gegen Entgelt zur Verfügung stellen. Ähnliches gilt im Falle der Auferlegung oder Vereinbarung gemeinwirtschaftlicher Verpflichtungen neben Eisenbahnverkehrsleistungen in anderen Bereichen (§ 9 Abs. 3 AEG).

- Im Telekommunikationsbereich schreibt § 14 Abs. 2 des Telekommunikationsgesetzes vom 25.07.1996 (BGBl. I S. 1120), wenn Unternehmen auf einem Markt der Telekommunikation über eine marktbeherrschende Stellung nach § 22 des Gesetzes gegen Wettbewerbsbeschränkungen verfügen, die (interne) Schaffung eines eigenen Rechnungslegungskreises vor, um die Nachvollziehbarkeit der finanziellen Beziehungen zwischen Telekommunikationsdienstleistungen im lizenzpflichtigen Bereich zueinander und dieser zu Telekommunikationsdienstleistungen im nicht lizenzpflichtigen Bereich zu gewährleisten.

- Verpflichtungen nach §§ 9 Abs. 2 und 9a Abs. 2 EnWG sind der eigentliche Gegenstand dieser Schrift. Sie befreien für die jeweils betroffenen Sparten mit ihren Aktivitäten von den Vorgaben nach dem TranspRLG.

6.2 Mögliche Kumulierung von Anforderungen

Befreiende Wirkung nach § 3 Abs. 2 TranspRLG haben nur Vorschriften auf gemeinschaftsrechtlicher Grundlage. In allen anderen Fällen sind Kumulierungen möglich, wobei der Geltungsbereich – gesamtes Unternehmen, Geschäftsbereich – unterschiedlich sein kann. In horizontal integrierten (Querverbund-)Unternehmen kann auch eine mehrfache Kumulation nicht ausgeschlossen werden. Betroffene Unternehmen werden sich der Frage stellen müssen, wie sie dem in solchen Fällen möglichst wirtschaftlich und ohne Mehrfachbearbeitung gerecht werden können. Im Konzern können neben den Anforderungen nach dem EnWG und dem TranspRLG – die rechtlich nicht auf den Konzern durchgreifen – die Verpflichtungen nach § 297 Abs. 1 S. 2 HGB insofern relevant sein, als man Segmente innerhalb des Konzerns möglichst kompatibel und ggf. auch aggregierbar abgrenzen sollte.

[55] Weitere Beispiele nennt die Begründung zum Regierungsentwurf des TranspRLG Bundesratsdrucksache 335/01 vom 11.05.2001.

4 Erfordernisse der Untergliederung im Rechnungswesen

4.1 Externes und internes Rechnungswesen

Unter dem Rechnungswesen eines Unternehmens (betriebliches Rechnungswesen) wird ein Informationssystem verstanden, „... dessen Gegenstand die Erfassung, Speicherung und Verarbeitung von betriebswirtschaftlich relevanten quantitativen Informationen über angefallene oder geplante Geschäftsvorgänge und -ergebnisse ist“[56]. Das Rechnungswesen bildet reales Geschehen und reale Zustände ab. Es umfasst die Geschäfts-(Finanz-)Buchhaltung (externes Rechnungswesen), die Kosten- und Leistungsrechnung (internes Rechnungswesen) und wird ergänzt um betriebswirtschaftliche Statistiken und Analysen sowie um Planungsrechnungen. Das externe Rechnungswesen von Kaufleuten wird durch die §§ 238 ff. und 264 ff. HGB geregelt; das interne Rechnungswesen ist im Wesentlichen frei zu gestalten.

Die folgende Übersicht verdeutlicht die Unterschiede zwischen den Rechenkategorien Aufwand und Kosten und veranschaulicht insoweit auch die Zusammenhänge zwischen externem Rechnungswesen (mit Aufwendungen) und dem internen Rechnungswesen; die Abgrenzung von Ertrag und Leistung lässt sich spiegelbildlich ähnlich darstellen.

<table>
<tr><td colspan="4">Gesamtaufwand der Periode</td><td colspan="2" rowspan="2">Kalkulatorische Kosten</td></tr>
<tr><td rowspan="3">Zweckfremder Aufwand</td><td colspan="3">Betrieblicher Zweckaufwand der Periode</td></tr>
<tr><td colspan="2">a.o. Zweckaufwand</td><td rowspan="2">Ordentlicher Zweckaufwand = Grundkosten</td><td rowspan="2">Anderskosten</td><td rowspan="2">Zusatzkosten</td></tr>
<tr><td>außergewöhnlich</td><td>periodenfremd</td></tr>
<tr><td colspan="3">Neutraler Aufwand</td><td colspan="3">Gesamtkosten der Periode</td></tr>
</table>

Abb. 5 Verhältnis Aufwand zu Kosten

Wenn in Art. 13 Abs. 3 Erdgasbinnenmarkt-Richtlinie und in § 9a Abs. 2 EnWG von interner Buchführung gesprochen wird, ist dies nicht mit der Kosten- und Leistungs-

---

56 Nach: Henner Schierenbeck, Grundzüge der Betriebswirtschaftslehre, München, 14. Aufl. 1999, S. 500 ff.

rechnung gleichzusetzen; es bedeutet sinnvollerweise lediglich, dass damit eine externe Publizität nicht verlangt wird.

§§ 9 und 9a EnWG verlangen eine Segmentierung der Bilanzen und der Gewinn- und Verlustrechnungen, also eine Entbündelung auf der Grundlage des externen Rechnungswesens. Das schließt es jedoch nicht aus, auch das interne Rechnungswesen, das im Allgemeinen aus innerbetrieblichen Gründen segmentiert, hierfür einzusetzen, soweit dies die Überschneidungsbereiche betrifft (durch Fettdruck hervorgehoben).

4.2 Vorgehensweise

4.2.1 Überblick

§§ 9 Abs. 2 und 9a Abs. 2 EnWG (ähnlich die Richtlinientexte) schreiben die Führung getrennter Konten für die einzelnen Aktivitäten vor; diese rechnungsmäßige Entbündelung ersetzt eine alternativ mögliche gesellschaftsrechtliche Trennung der Unternehmensaktivitäten. Ziel der Kontentrennung ist es, für die Aktivitäten Bilanzen und Gewinn- und Verlustrechnungen erstellen zu können.

Das EnWG enthält keine Vorgaben, in welcher Weise die „getrennten Konten" zu führen sind. Der Weg ist den Versorgungsunternehmen daher freigestellt[57]. Das Erfordernis getrennter Konten ist nicht zwingend gleichzusetzen mit dem Erfordernis getrennter Buchungskreise. Als gleichwertig mit „getrennten Konten" sind Verfahren anzusehen, die zu demselben Ergebnis führen, es also ermöglichen, für die einzelnen Aktivitäten kontenmäßig getrennt Bilanz- und GuV-Posten abzuleiten; gleichwertig in diesem Sinne sind folgende Verfahren:

- Gruppierung vorhandener Konten nach Aktivitäten und, soweit erforderlich, Einfügung weiterer Konten in den vorhandenen Kontenplan der externen Finanzbuchhaltung und
- Zuordnung aller Konten mit Unterkonten zu – ggf. Sparten und – Aktivitäten,

[57] So auch die einschlägigen Empfehlungen von VKU, VDEW und IDW; ebenso Michael Ebeling u.a., Möglichkeiten der Kontentrennung für die Rechnungslegung nach §§ 9, 9a Energiewirtschaftsgesetz, in: Versorgungswirtschaft 2001, S. 77.

- Zuordnung aller Konten durch – ggf. sparten- und – aktivitätenbezogene Zusatzkontierungen. Dies erstreckt sich auch auf Nebenbuchhaltungen (insbesondere Anlagenbuchhaltung, Kontokorrente sowie die Verbrauchsabrechnung).
- Segmentierung mit Hilfe der Kosten- und Leistungsrechnung (nur für die Gewinn- und Verlustrechnung).
- Einzelnachweise (im Wesentlichen für schlüsselmäßige Zuordnungen), auch Verwendung von Personal Computern, auf die das Zahlenmaterial der im Unternehmen eingesetzten Datenverarbeitungsanlage überspielt werden kann („Downloading"), um anschließend für Segmentierungszwecke aufbereitet zu werden.

Entscheidend dafür, ob ein Verfahren als Führung „getrennter Konten" angesehen werden kann, ist dessen Eignung, die Beträge der Bilanz- und GuV-Posten des Gesamtabschlusses dergestalt den Aktivitäten zuzuordnen, dass sich in der Queraddition dieser Aktivitätenbeträge nachvollziehbar wiederum der Gesamtbetrag der einzelnen Bilanz- und GuV-Posten des handelsrechtlichen Jahresabschlusses des Energieversorgungsunternehmens ergibt. Selbstverständlich wird die gewählte Lösung die vielfältigen Möglichkeiten des vorhandenen Rechnungswesen-Systems einschließlich derjenigen der eingesetzten DV-Programme berücksichtigen (s. hierzu auch den Exkurs: Lösung mit Unterstützung durch SAP R/3).

Bei der Zuordnung aller Konten des Kontenplans durch die Führung von Unterkonten wird der Buchführungspflichtige unmittelbar über den Kontenplan geleitet; Zuordnungsfragen brauchen nicht jeweils neu entschieden zu werden. Nachteilig ist, dass der Kontenplan hierdurch angesichts einer Vielzahl von in allen Aktivitäten denkbaren Konten erheblich ausgeweitet wird und deshalb unübersichtlich werden kann. Gesondert sind Konten für die nicht direkt zuzuordnenden Geschäftsvorfälle zu führen, d.h. für Vorgänge, die mittels Schlüsselungen verteilt werden.

Aktivitätenbezogene Zusatzkontierungen (durch Einrichtung von „Geschäftsbereichen" für die zu segmentierenden Aktivitäten) bieten demgegenüber den Vorteil, dass hierdurch Mehrfachnennungen von Konten vermieden werden. Ein in mehreren Aktivitäten erforderliches Konto wird durch eine zusätzliche Kennzeichnung zugeordnet – z.B. an der vierten und fünften Stelle des Kontenplans (die Stellen 1 bis 3 sind bereits für die Kontenklasse (1. Stelle), die Kontengruppe (2. Stelle) und die Kontenuntergruppe (3. Stelle) vergeben; die vierte Stelle kann hierbei die Sparte bezeichnen, die fünfte Stelle die Aktivität innerhalb der Sparte. U.U. kann hierfür jedoch – sofern man auf diese hierarchisch strukturierte Aufteilung aus kostenrechnerischen oder EDV-technischen Gründen verzichtet – auch eine Stelle ausreichen. Sollten die Kontenpläne der Unternehmen bereits tiefergehende Gliederungen vorsehen, verschiebt sich die für die Aktivitätenabgrenzung denkbare Stelle entsprechend.

Die dargestellten Möglichkeiten zur Kontenführung im externen Rechnungswesen erstrecken sich grundsätzlich auch auf die Nebenbuchhaltungen (mit Unterteilung nach Aktivitäten). Dabei ist dann – soweit der Buchungsstoff über Nebenbuchhaltungen erfasst wird – die eigentliche Segmentierungsarbeit bereits in den Nebenbuchhaltungen zu leisten.

Für die Erstellung aktivitätenbezogener Abschlüsse lässt sich in Teilen auch die Kosten- und Leistungsrechnung einsetzen, wobei jedoch die pagatorische Definition der Segmenterfolgsrechnungen nach den rechtlichen Vorgaben nicht unbeachtet bleiben darf; nur aufwandgleiche Kosten und ertragsgleiche Leistungen lassen sich für Segmentierungszwecke unmittelbar aus der Kosten- und Leistungsrechnung abgreifen (s.o. Abschn. 4.1). Sie wären dann über Kostenstellen, Kostenstellengruppen und Kosten-/Leistungsbereiche und ergänzend über innerbetriebliche Aufträge nach Aktivitäten zu aggregieren.

Kommunale Eigenbetriebe mit der Verpflichtung zur Erstellung einer Erfolgsübersicht nach Formblatt 5 zum jeweiligen Landes-Eigenbetriebsrecht werden die Aktivitäten-Segmentierung möglichst so gestalten, dass sie mit der Sparten-Segmentierung der Erfolgsübersicht kompatibel ist. Technisch läuft dies auf eine horizontale (durch Unterteilung nach Aktivitäten) und vertikale Erweiterung (insbesondere durch die innerbetrieblichen Leistungsverrechnungen) des Schemas der Erfolgsübersicht hinaus.

Ein weiteres Problem kann sich daraus ergeben, dass die Gewinn- und Verlustrechnung nach § 275 Abs. 2 HGB (Gesamtkostenverfahren) nach dem Primärprinzip gegliedert ist, die Kosten- und Leistungsrechnung aber weitgehend auch mit Sekundärverteilungen arbeitet. Die Kostenrechnung mit ihren Sekundärverteilungen kann für die Zuordnungen gem. § 275 Abs. 2 HGB nur begrenzt herangezogen werden, wenn nicht die Sekundärzuordnungen (z.B. Werkstätten, Fuhrpark, Lager, Verwaltung, Hilfsbetriebe u.ä., die interimistisch quasi als Segmente geführt werden) nach ihren primären Bestandteilen aufgelöst werden können. Man mag es aber auch als vertretbar ansehen, wenn die Sekundärverteilungen erhalten bleiben und – ähnlich wie in der Erfolgsübersicht der kommunalen Eigenbetriebe – in einer gesonderten Zeile mit Zurechnung und Abgabe sichtbar gemacht werden.

Das Problem der Sekundärverteilung stellt sich in dieser Schärfe nur bei Anwendung des Gesamtkostenverfahrens. Die Gliederung der Gewinn- und Verlustrechnung gem. § 275 Abs. 3 HGB (Umsatzkostenverfahren) kann die Segmentierung z.T. deutlich erleichtern, da hier die Gliederung auch Sekundärverteilungen einschließt und da folglich in größerem Maße auf die Ergebnisse der Kostenrechnung zurückgegriffen werden kann. Allerdings ist die Anwendung des § 275 Abs. 3 HGB in der Versorgungswirtschaft nicht gebräuchlich; den kommunalen Eigenbetrieben ist das Umsatzkostenverfahren durch den Formblattzwang untersagt.

Neben den Umlagen gemeinsamer Bereiche sind die Verrechnungen aufgrund innerbetrieblicher Liefer- und Leistungsbeziehungen zu erfassen. Dies führt zu einer Erweiterung des Ausweises vor allem in der Gewinn- und Verlustrechnung, u.U. auch in der Bilanz (s.o. Abschn. 3.2.4).

Bei allen Varianten der rechentechnischen Möglichkeiten sind die Grundsätze ordnungsmäßiger Buchführung zu beachten. Das Rechnungswesen muss die Beleg-, Journal- und Kontenfunktion, d.h. die Nachvollziehbarkeit der einzelnen Geschäftsvorfälle, sicherstellen. Insbesondere muss auch bei aktivitätenbezogenen Zusatzkontierungen die Vollständigkeit über Erfassung, Verarbeitung und Ausgabe der Geschäftsvorfälle (z.B. Soll-/Haben-Gleichheit, ordnungsmäßige Stornierungen, ...) gewährleistet sein. Von den Anforderungen des § 239 Abs. 2 HGB (vollständig, richtig, zeitgerecht und geordnet) ist u.E. die Anforderung „zeitgerecht" im Rahmen des Zwecks der Segmentierungen zu interpretieren; bei retrograder Zuordnung muss eine „Kontierung" spätestens zum Ende einer Rechnungsperiode als ausreichend angesehen werden.

Die getroffenen Sicherungsmaßnahmen sowie das gewählte Verfahren sind nach IDW ERS ÖFA 2, Tz 44, ordnungsgemäß zu dokumentieren; für die Aufbewahrung gelten die Fristen des § 257 HGB, also zehn Jahre gem. § 257 Abs. 4 i.V. mit Abs.1 Nr. 1 und 4 HGB. Zu den aufbewahrungspflichtigen Unterlagen gehören u.a. Aktivitätenkontenplan, bei der retrograden Zuordnung erstellte Unterlagen, Beschreibung der Schlüsselbildungen und der maschinellen Aufteilungen von Konten sowie die Verfahren zur Sicherung der Konsistenz von Aktivitätenbuchführung und Aktivitätenabschluss.

4.2.2 Gliederungserfordernisse

(1) Überblick

Die folgenden Hinweise zur Untergliederung des Kontenrahmens beziehen sich allein auf das externe Rechnungswesen (Hinweise zum internen Rechnungswesen werden in Abschn. 4.3 gegeben).

Die Konten der Buchhaltung müssen eindeutig und verursachungsgerecht nach den zu separierenden Aktivitäten getrennt werden können (zu den technischen Möglichkeiten s. grundsätzlich Abschn. 4.2.1). Die Konsistenz korrespondierender Posten muss sichergestellt sein. Aufwendungen und Erträge, die über Kostenstellen auf die Aktivitäten verteilt werden können, sollten direkt zugeordnet werden. Zusätzlich müssen die Möglichkeiten für die Erfassung interner Leistungsverrechnungen zwischen den einzelnen Aktivitäten genutzt oder geschaffen werden. Weitergehende Ergänzungen des Kontenplans sind nicht erforderlich.

Der Gemeinschaftskontenrahmen für Versorgungs- und Verkehrsunternehmen ist dekadisch aufgebaut und offen sowohl für Zusammenfassungen als auch für Erweiterungen. Für die Untergliederung des Unternehmensbereiches Versorgung sind (mindestens) folgende Unterteilungen erforderlich:

Elektrizitätsversorgung

- Erzeugung
- Übertragung
- Verteilung
- Stromhandel/-vertrieb

Erdgasversorgung

- Fernleitung
- Verteilung
- Speicherung
- Gashandel/-vertrieb

Wasserversorgung

Fernwärmeversorgung

Den hier gezeigten Geschäftsbereichen müsste noch ein für das Gesamtunternehmen relevanter „Allgemeiner Bereich“ vorangestellt werden.

Die Einrichtung besonderer Segmente („Geschäftsbereiche“) für die nicht von den Entbündelungsvorschriften erfassten weiteren Sparten ist nicht erforderlich, kann sich aber aus innerbetrieblichen Gründen empfehlen. Da dies jedoch auch mit erheblichen Zusatzarbeiten verbunden sein dürfte, könnte man diese weiteren Aktivitäten u.U. auch in einem „Restgeschäftsbereich“ erfassen.

Zu berücksichtigen sind auch die Anforderungen aus dem Nachweis der innerbetrieblichen Leistungsverrechnung. Bei den betroffenen Posten des Jahresabschlusses (z.B. Umsatzerlöse, Materialaufwand, sonstige betriebliche Erträge und Aufwendungen) sind also nach Bedarf zusätzliche Konten einzurichten.

Die konsequente Untergliederung des Rechnungswesens ermöglicht eine unmittelbare Herleitung getrennter Jahresabschlüsse.

Zu den Sparten Stromversorgung und Gasversorgung sei noch angemerkt[58]:

(2) Elektrizitätsversorgung

Erzeugung

Eigenerzeugung

Vertragserzeugung u.ä. (s. Abschn. 2.2.2)

Übertragung

Hochspannungsverbundnetz $\geq$ 110 kV

Verteilung

Hochspannungsleitungen 110 kV (soweit ohne Verbundfunktion)

Umspannung Hochspannung (Hsp) – Mittelspannung (Msp)

Mittelspannungsnetz

Kabelnetz Msp

Freileitungsnetz Msp

Kabelanschlüsse Msp

Freileitungsanschlüsse Msp

Umspannung Msp - Niederspannung (Nsp)

Niederspannungsnetz

Kabelnetz Nsp

Freileitungsnetz Nsp

Kabelanschlüsse Nsp

Freileitungsanschlüsse Nsp

Zählerwesen

---

[58] In der Versorgungswirtschaft wird für die Gliederung des Rechnungswesens weitgehend mit dem Gemeinschaftskontenrahmen für Versorgungs- und Verkehrsunternehmen - GKV -, 2., neu bearbeitete Ausgabe 1986, gearbeitet. Insbesondere die danach gebildeten Kostenstellen (hier Kostenstellenbereich 1 Elektrizitätsversorgung und Kostenstellenbereich 2 Gasversorgung) werden den Ausgangspunkt für die Zuordnung zu den Aktivitäten nach den im Folgenden dargestellten Kriterien bilden können.

Stromhandel/-vertrieb

Stromhandel und -marketing

Ablesung und Abrechnung

Alleinabnehmertätigkeit

Bei den **Übertragungs**netzen (380-, 220- und ggf. 110-kV-Netze) sind neben dem eigentlichen Netz auch die zugehörigen Schaltanlagen in den Umspannwerken (von 380 kV auf 220 kV und auf 110 kV, soweit 110-kV-Netze mit Verbundfunktion der Übertragung zugeordnet sind) zu erfassen. Auch die den Schaltanlagen zugehörige Sekundärtechnik sowie Gebäude, Grundstücke u.ä. sind hier zu erfassen. Zum Netzbetrieb gehören auch die Überwachung, Wartung und Instandsetzung des Netzes sowie die Durchführung von Schalthandlungen.

Verteilungsnetze gliedern sich wie oben dargestellt. Sie umfassen neben den eigentlichen Netzen auch die Schaltanlagen in Schwerpunktstationen sowie die zugehörige Sekundärtechnik. Auch die Umspannungsanlagen für die Umspannung von Hoch- auf Mittelspannung sollten hier eingeordnet werden (Ausweis also in dem Bereich, auf den umgespannt wird). Neben den Umspannern (110 kV/Msp, aber auch bei Umspannung auf 110 kV, wenn 110-kV-Netze ohne Verbundfunktion der Verteilung zugeordnet sind) sind hier auch die Transformatorschaltfelder in den Schaltanlagen zu erfassen.

Aufwendungen, die aus dem Betrieb von Erdschlussspulen entstehen, sind dem Mittelspannungsnetz zuzuordnen. Auch die Betriebsführung und der Versorgungswiederaufbau sind als Systemdienstleistungen bei den Netzen auszuweisen. Dabei werden unter Systemdienstleistungen die für die Funktionstüchtigkeit des Systems unvermeidbaren Dienstleistungen verstanden, die zur Übertragung und Verteilung elektrischer Energie notwendig sind und die Qualität der Stromversorgung bestimmen. Diese Aufwendungen betreffen den Betrieb der Übertragungs- und Verteilungssysteme. Zähler und Messeinrichtungen werden hier nur insoweit berücksichtigt, als sie der Netzbetriebsführung dienen.

Im Niederspannungsnetz werden neben dem restlichen Netz auch die Ortsnetzstationen und – soweit in der Sphäre der Netzbetreiber – auch die Kundenstationen insgesamt erfasst. Grundsätzlich schwierig wird sich die Zuordnung der Fernwirktechnik gestalten; insbesondere in Fällen, in denen mittels Fernwirktechnik Lastmanagement betrieben wird, können solche Maßnahmen nicht den Netzkosten im Verteilungsbereich zugerechnet werden. Ein Rückgriff auf die hierfür in der Kostenrechnung (insbesondere im Hinblick auf die Kalkulation von Durchleitungsentgelten) entwickelten Verteilungsmaßstäbe dürfte unerlässlich sein.

Mit dem Betrieb von Netzen (und ggf. der Durchleitung für Dritte) verbundene Systemdienstleistungen im Sinne der „Verbändevereinbarung über Kriterien zur Bestimmung von Netznutzungsentgelten für elektrische Energie und über Prinzipien der Netznutzung" vom 13.12.2001 (Frequenz- und Spannungshaltung, Versorgungswiederaufbau, Betriebsführung) sind je nach Sachlage den Aktivitäten Übertragung und Verteilung zuzuordnen. Hierzu gehören auch Messung und Verrechnung von Durchleitungen, während Messung und Verrechnung des Stromverkaufs dem Stromhandel/-vertrieb anzulasten sind.

Das Zählerwesen sollte als netzzugehörig – nicht also als Vertriebsleistung – behandelt werden. Leistungsverrechnungen sind bei Durchleitungskunden an Dritte und im Übrigen intern an die Aktivität Stromhandel/-vertrieb geboten.

Stromhandel/-vertrieb sind als besonderes Segment (Aktivität) dargestellt, obwohl sie in den einschlägigen Vorschriften so nicht aufgeführt sind; gesonderter Nachweis – jedenfalls intern – ist aber zweckmäßig. Die Aktivität hat den Aufwand für Strombeschaffung (intern oder extern) sowie auch den internen Aufwand für Inanspruchnahme der Übertragungs- und Verteilungsnetze sowie des Zählerwesens aufzunehmen.

Das **Alleinabnehmersystem** ist eine (praktisch nicht relevante) Netzzugangsalternative. Es ist hier nur der Vollständigkeit wegen – da es gesetzlich (§ 7 EnWG) zugelassen ist – genannt.

Die – oben nicht aufgeführten – **Nebengeschäfte** der Elektrizitätsversorgung betreffen insbesondere die Durchführung der Straßenbeleuchtung sowie Wartungsarbeiten an Kundenstationen, aber auch sonstige Leistungen (insbesondere Installationen) für

Dritte. Sie können den sonstigen Aktivitäten außerhalb des Elektrizitätsbereiches zugeordnet oder auch innerhalb des Betriebszweigs Elektrizitätsversorgung geführt werden. Gemeinsame Bereiche Strom (z.B. Netzplanung, Fuhrpark und Werkstätten) sind auf die Elektrizitäts-Aktivitäten zu verteilen.

(3) Erdgasversorgung

Fernleitung

Übernahmestationen

Verdichteranlagen

Hochdruckleitungen

Aufbereitungs-/Konditionierungsanlagen

Dispatchinganlagen

Verteilung

Übernahmestationen

Hochdruckanlagen (Leitungen - außer Fernleitungen - /Hausanschlüsse)

Mitteldruckanlagen (Leitungen/Hausanschlüsse)

Niederdruckanlagen (Leitungen/Hausanschlüsse)

Regelanlagen (Hochdruck, Mitteldruck, Niederdruck)

Speicheranlagen, sowie für einen wirksamen Netzzugang erforderlich

Hausdruckregler

Zählerwesen

Gashandel/-vertrieb

Gashandel und -marketing

Ablesung und Abrechnung

Speicherung

Übernahmestationen

Verdichteranlagen

Speicheranlagen

Im **Fernleitungs**bereich orientiert sich die Unterteilung an dem physischen Gasfluss. Die in den Übernahmestationen vorhandene Sekundärtechnik (Vorwärmung, Odorierung) sowie Gebäude, Grundstücke u.ä. sind hier zu berücksichtigen. Die Hochdruckleitungen umfassen im Wesentlichen die Druckstufen über PN 16. Zum Netzbetrieb gehören auch Überwachung, Wartung und Instandsetzung des Netzes

trieb gehören auch Überwachung, Wartung und Instandsetzung des Netzes sowie Maßnahmen zur Steuerung des Lastflusses.

Der **Verteilungs**bereich kann sich nach der oben dargestellten Unterteilung – ebenfalls nach dem physischen Gasfluss – gliedern. Die Hochdrucknetze umfassen in diesem Bereich Anlagen, die mit mehr als 1 bar Betriebsüberdruck gefahren werden.

Die Mittel- und Niederdrucknetze können auch zu einer Kostenstelle zusammengefasst werden, da eine funktionale Trennung häufig nicht möglich ist. Ebenso können auch die Ortsnetzstationen dem MD-/ND-Netz zugerechnet werden.

Die Behandlung der Fernwirktechnik gestaltet sich schwierig; insbesondere in Fällen, in denen mittels Fernwirktechnik Lastmanagement betrieben wird, können solche Maßnahmen nicht den Netzkosten im Verteilungsbereich zugerechnet werden. Ein Rückgriff auf die hierfür in der Kostenrechnung (insbesondere im Hinblick auf die Kalkulation von Durchleitungsentgelten entwickelten) Verteilungsmaßstäbe dürfte unerlässlich sein.

Hausdruckregler sollten als noch zum Netz (also zur Verteilung) gehörend behandelt werden. Das gilt auch für das Zählerwesen. Im Übrigen gilt hier das zur Stromversorgung Gesagte entsprechend.

Der Aufwand der Messung und der Verrechnung wird bei der Entgeltkalkulation als Systemdienstleistungen bei der Verteilung erfasst, soweit er mit Durchleitungen verbunden ist.

Gashandel/-vertrieb sind in der Übersicht auf der Vorseite als Aktivität dargestellt; ein – mindestens interner – gesonderter Nachweis erscheint zweckmäßig. § 9a Abs. 2 EnWG verlangt hierfür keinen gesonderten Ausweis, wohl aber eine Trennung von den dort aufgeführten, gesondert darzustellenden Bereichen; Gashandel und -vertrieb können also mit anderen Bereichen (etwa den Nebengeschäften) zu einer Restaktivität der Gasversorgung zusammengefasst werden. Im Übrigen sei auf Abschn. 2.3 dieser Schrift verwiesen. Wenn ein solches Segment gebildet wird, sollten ihm auch die Aufwendungen für Messung und Verrechnung – soweit dem Erdgasverkauf dienend – zugeordnet werden.

Zur **Speicherung** sei auf Abschn. 2.3 verwiesen.

Nicht aufgeführt sind in der obigen Übersicht die **Gewinnung** von Kohlenwasserstoffen und damit verbundene Tätigkeiten sowie Informationen in Bezug auf **vorgelagerte Rohrleitungen**. Sie sind getrennt von den genannten Tätigkeiten nachzuweisen, können aber für Segmentierungszwecke den sonstigen Aktivitäten außerhalb des Erdgassektors zugeordnet werden (Nr. 22 der Präambel).

Hinsichtlich der **Nebengeschäfte** gilt das zu denen der Elektrizitätsversorgung Gesagte sinngemäß (Zuordnung zu den Tätigkeiten außerhalb des Erdgassektors oder Nachweis innerhalb des Betriebszweigs Erdgasversorgung).

(4) Andere Sparten

Erwähnt sei, dass sich für andere Bereiche u.U. eine Segmentierungspflicht nach dem Transparenzrichtlinie-Gesetz ergeben kann (s. Exkurs S. 61). Sie würde dann auf der Kosten- und Leistungsrechnung aufbauen.

4.3 Segmentierung mit Hilfe des internen Rechnungswesens

Die vollständige Trennung der Konten der externen Rechnungslegung kann mit einem erheblichen Mehraufwand verbunden sein. Deshalb kann es für ein Unternehmen wirtschaftlicher sein, statt der Führung getrennter Konten in der Geschäftsbuchhaltung andere – gleichwertige – Verfahren zur Umsetzung der gesetzlichen Anforderungen zu wählen (s. Abschn. 4.2.1). Hierfür kommt insbesondere der Rückgriff auf das interne Rechnungswesen in Betracht.
Querverbundunternehmen verfügen regelmäßig über eine ausgeprägte Kosten- und Leistungsrechnung. Hierin werden die bei der betrieblichen Leistungserstellung und –verwertung entstehenden Kosten erfasst und verteilt. Sie kann – bei Berücksichti-

gung der Segmentierungserfordernisse und bei besonderer Beachtung kostenrechnerischer Aspekte – gleichfalls zu sachgerechten Ergebnissen führen.

Für die Unterteilung könnte also die Betriebsbuchhaltung mit einer entsprechenden Zuordnung von Kostenstellen zu den definierten Aktivitäten eingesetzt werden. Die Erträge und Aufwendungen wären laufend in Verbindung mit Kostenstellen oder Aufträgen zu kontieren. Die Kostenstellen wären so zu gruppieren, dass sie entsprechend den Aktivitätendefinitionen aggregiert werden können. Die Ergebnisse der Kostenstellenrechnung (insbesondere unterjährige Leistungsverrechnungen zwischen den Aktivitäten) müssten dann in einer Nebenrechnung zum handelsrechtlichen Abschluss den zu segmentierenden Aktivitäten zugewiesen werden. Dazu sind rein kostenrechnerische Elemente, d.h. kalkulatorische Ansätze sowie die Ausgliederung neutraler (betriebs- oder periodenfremder sowie außerordentlicher) Posten, unberücksichtigt zu lassen, da in der Gewinn- und Verlustrechnung ausschließlich Erträge und Aufwendungen zu zeigen sind, diese aber vollständig, also auch wenn sie in der Kosten- und Leistungsrechnung nicht erfasst werden (s. hierzu grundsätzlich Abschn. 4.1).

Die möglichen Vorgehensweisen bei der Umsetzung der gesetzlichen Segmentierungs-Anforderungen sollten unter Wirtschaftlichkeitsgesichtspunkten abgewogen werden; die Leistungsfähigkeit des jeweiligen EDV-Systems spielt dabei sicherlich eine wesentliche Rolle. Voraussetzung für die Segmentierung nach Aktivitäten mittels der Kosten- und Leistungsrechnung ist auch, dass die für die externe Rechnungslegung geltenden Vorschriften hinsichtlich Dokumentation, Aufbewahrung u.ä. gleichfalls beachtet werden (vgl. auch Abschn. 4.2.1).

Exkurs:

Lösung mit Unterstützung durch SAP R/3

Nachfolgend ist - als Beispiel für eine DV-gestützte Lösung - beschrieben, mit welchen Methoden und unter welchen Voraussetzungen mit SAP R/3 unter Zuhilfenahme des SAP-R/3-Moduls CO (Controlling) und der Rechnung mit Ergebnis-Zentren sowie Kosten-Zentren die Anforderungen des EnWG für Energieversorgungsunternehmen erfüllt werden können.

1. Allgemeines

1.1 Kostenstellenbildung

Wie in allen Fällen, ist vorab zu prüfen, ob die vorhandenen Kostenstellen den Anforderungen des EnWG hinsichtlich der nachzuweisenden Aktivitäten entsprechen. Ggf. sind die Kostenstellen den Bedürfnissen anzupassen und den Aktivitäten zuzuordnen. Gemeinsame Bereiche (Kosten-Zentren) werden interimistisch bebucht und über Sekundärverteilungen entlastet.

SAP R/3 bucht jede Bewegung auf das in der Kostenstelle angegebene Ergebnis- oder Kosten-Zentrum statistisch weiter.

1.2 Verteilung nach Primärkostenarten

Durch die Methode der „Verteilung" im Modul CO von SAP R/3 wird der Aufwand primärkostengerecht verteilt. Dies bedeutet, dass durch eine Art von Buchungshilfe mit Aufteilungsschlüsseln von Senderkostenstellen (und zugleich Sender-Profit-Center) auf Empfängerkostenstellen (ebenfalls zugleich Empfänger-Profit-Center) Primärkosten zugeordnet werden. Dadurch wird die detaillierte Zuordnung unterstützt.

1.3 Umlage gemeinsamer Bereiche

Die gemeinsamen Bereiche können durch die Methode der „Umlage" im Wege der Sekundärverteilung vollständig zugeordnet werden. Hierbei müssen die bisher gängigen Umlageverfahren, welche die gesamten Kosten der Senderkostenstellen in einer Umlagekostenart (Sekundärkostenart) an die Empfängerkostenstellen weitergeben, verändert werden. Die Senderkostenstellen sind (primär-)kostenartengerecht zu entlasten und die Empfängerkostenstellen ebenso (primär-)kostenartengerecht zu belasten. Das bedeutet, dass z.B. die Personalkosten, Fremdleistungen, Fremdmaterialien, Lagermaterialentnahmen, sonstige Kosten u.ä. wie die Primärbuchungen verteilt werden, dass also auch nach Sekundärverteilung die Primärkostenarten erkennbar bleiben.

2. Realisierung in SAP R/3

2.1 Darstellung GuV-Bereich

Wenn die genannten Punkte beachtet werden, können in den SAP-R/3-Bereichen Kostenstellenrechnung, Verteilung/Umlage und „Profit-Center-Rechnung" (Rechnung nach Ergebnis- und Kosten-Zentren) die Daten bedarfsgerecht verarbeitet werden. Damit sind GuV-Auswertungen im Bereich der „Profit-Center-Rechnung" für die Darstellung der Ergebnisse nach Aktivitäten/Segmenten ausdruckbar. Darin lässt sich auch die innerbetriebliche Leistungsverrechnung mit Hilfe von SAP-R/3-CO integrieren.

2.2 Darstellung Bilanzbereich

Für den Bilanzbereich gewährt SAP R/3 folgende Unterstützung:

2.2.1 Stichtagsbezogene Überleitung

Mit der Option der stichtagsbezogenen, automatischen Überleitung von Werten aus Bilanzkonten (SAP-R/3-FI) in die „Profit-Center-Rechnung" können auch aus dem Bilanzbereich Auswertungen erstellt werden. Dem dienen verschiedene Ansätze:

- Die Werte des Anlagevermögens werden nach den in Anlagenstämmen hinterlegten Kostenstellen aufgelistet.
- Die Lagerbestandskonten werden über eine in der „Profit-Center-Rechnung" anzulegende Tabelle je Materialart oder Warengruppe oder nach den einzelnen Artikelnummern einem „Profit-Center" zugeordnet.
- Die Bestände an Forderungen und Verbindlichkeiten werden durch eine Rückrechnung der offenen Posten den „Profit-Centern" zugeordnet. Die Rückrechnung teilt den Brutto-Betrag der offenen Posten nach den Gegenbuchungen und den dort kontierten Kostenstellen auf die den Kostenstellen zugeordneten "Profit-Center" auf.

2.2.2 Automatische Überleitung

Die übrigen Bilanzkonten (sowohl Aktiva als auch Passiva) können durch eine Tabellensteuerung in der „Profit-Center-Rechnung" den entsprechenden „Profit-Centern" zugeordnet werden. Diese Einstellung wirkt direkt auf jede Buchung und sollte daher am 01.01. eines Jahres bereits festgelegt und in das System eingegeben sein (automatische Überleitung).

2.3 Verfahren

Am Periodenende (Monats-, Quartals-, Halbjahres- oder Jahresschluss) müssen noch mit der Funktion „Verteilung" des Moduls „SAP R/3 Profit-Center-Rechnung" die gemeinsamen Bereiche auf die Aktivitäten/Segmente aufgeteilt werden.

Danach können Listen für die einzelnen Aktivitäten und Segmente über die Bilanzkonten wie auch über die GuV-Konten als Arbeitsunterlage für Abschlüsse erstellt werden. Die Standard-SAP-R/3-Listen sind in der Regel den individuellen Bedürfnissen anzupassen. Diese Listen zeigen die Situation der Bilanzkonten, je nach den hinterlegten Steuerungen. Wenn das Ergebnis aus den GuV-Darstellungen manuell berücksichtigt wird, zeigt die Restgröße (Aktiva ./. Passiva und GuV) das Eigenkapital bzw. die Geldkonten je Aktivität/Segment.

Die beschriebenen SAP-R/3-Verfahren sind Standard-Verfahren. Zu deren Anwendung benötigt der SAP-Kunde neben dem Programm „Finanzbuchhaltung" die Lizenzberechtigungen für die Module „Controlling" und „Profit-Center-Rechnung" sowie eine nutzerspezifische Anpassung der Standard-Programme („Customizing") und eine Anwenderschulung.

Selbstverständlich ist eine DV-Lösung der Segmentierungs-Aufgaben nicht nur mit SAP-Programmen möglich. Es ist jedoch gezielt zu untersuchen, welche Möglichkeiten die jeweils eingesetzten Programme bieten. Grundlage einer Prüfung und ggf. Nutzung kann nur der betriebswirtschaftliche Ansatz im Sinne der gebotenen Möglichkeiten der Zuordnung (Abschn. 2.4) sein. Programmbedingte Spezifika sind individuell zu prüfen und ggf. anzupassen.

4.4 Einzelhinweise zur Zuordnung der Posten des Jahresabschlusses

Die Zuordnung der Inhalte der einzelnen Posten des Jahresabschlusses wird im Folgenden anhand betriebs-wirtschaftlicher Grundüberlegungen erarbeitet. Eine in jeweils allen betroffenen Unternehmen einheitliche Zuordnung, ist wohl nicht erreichbar. Die folgenden Hinweise können bei unterjähriger Verteilung, aber auch bei retrograder Zuordnung in ähnlicher Weise übernommen werden.

4.4.1 Zuordnungsgrundsätze und Einzelzuordnung

Zunächst stellt sich jeweils die Frage, ob Vermögensgegenstände, Schulden, Eigenkapital und Rechnungsabgrenzungsposten, Erträge und Aufwendungen einer Aktivität als Ganzes zuzuordnen sind, ob sie in Teilen direkt zugeordnet werden können oder ob sie mit Hilfe von Schlüsseln auf die Aktivitäten aufzuteilen sind.

Der Grundsatz der Einzelzuordnung (vgl. auch Abschn. 2.3.3) hat Vorrang vor der Schlüsselung (Subsidiarität der Schlüsselung). Der Grundsatz der Subsidiarität der Schlüsselung sollte allerdings nicht zu eng ausgelegt werden; soweit Verteilungsschlüssel dazu geeignet sind, ein der Einzelzuordnung annähernd entsprechendes Aufteilungsergebnis zu erzielen, kann die Schlüsselung in den Fällen, in denen mit einer Einzelzuordnung ein erheblicher Aufwand verbunden ist, als sinnvolle Alternative angesehen werden. Abweichungen von 5 bis 10 % der einzelnen Segmentposten erscheinen akzeptabel; ggf. ist ergänzend eine absolute Wertgrenze festzulegen. Die Festlegung der absoluten Wertgrenze hängt von der Größe des Segmentpostens selbst, seiner Relation zu anderen Posten und seiner Bedeutung für die Aussagefähigkeit des Segmentabschlusses ab.

Für die direkte Zuordnung ist – falls nicht ohnehin der Aktivitätenbezug eindeutig ist – nach dem Zweck, nach der Veranlassung zu fragen, so etwa bei Beteiligungen, Einlagen, Darlehen u.ä.

Soweit eine direkte Zuordnung nicht erreichbar ist, ist mit geeigneten und sachgerechten Schlüsseln zu arbeiten. Streng genommen können Verteilungsschlüssel erst am Ende des Geschäftsjahres (oder auch für Teilperioden) ermittelt werden, für das aufzuteilen ist. Aus Gründen der Praktikabilität sollten auch Verteilungsschlüssel auf Basis von Vorjahreswerten vertretbar sein, falls sich Sachverhalte nicht wesentlich verändert haben (z.B. Übernahme neuer Versorgungsgebiete oder auch deren Verkauf oder Ausgliederung).

Ob progressiv oder retrograd zugeordnet wird, ist in diesem Zusammenhang unerheblich.

4.4.2 Zuordnung der Bilanzposten

Aktiva

Kontenklasse O – Immaterielle Vermögensgegenstände und Sachanlagen

Der weitaus überwiegende Teil der immateriellen Vermögensgegenstände und Sachanlagen wird den Aktivitäten direkt zugeordnet werden können. Die verbleibenden Vermögensgegenstände werden überwiegend allen Bereichen dienen.

Zu den Einzelzuordnungen sei auf Folgendes hingewiesen:

Grundstücke, grundstücksgleiche Rechte und Bauten können entsprechend ihrer Nutzung durch die Aktivitäten zugeordnet werden.

Das Anlagevermögen eines Elektrizitätsunternehmens umfasst im Allgemeinen – abgesehen von erneuerbaren Energien - keine Anlagen zur Primärenergiegewinnung.

Die technischen Anlagen und Maschinen der Stromversorgung sollten in die Hauptgruppen Erzeugungs-, Übertragungs- und Verteilungsanlagen untergliedert werden. Für Handel und Vertrieb wird im Allgemeinen kein nennenswertes Anlagevermögen vorhanden sein.

Erzeugungsanlagen: Hierzu gehören die in Abschn. 2.2 (1) erwähnten Anlagen zur Gewinnung elektrischer Energie aus mechanischen Energien, physischen Primärenergieträgern und Sonnenenergie.

Auslegungskriterium für den Ausweis von Kraft-Wärme-Kopplungs-Anlagen ist der Umfang der geplanten Wärmeversorgung. Da diese Kraftwerke in aller Regel wärmegeführt werden, sollten sie insgesamt der Wärmeversorgung zugeordnet werden; die Lieferung von elektrischer Energie wäre als Innenumsatz zu zeigen.

Übertragungsanlagen: Im Normalfall sind alle Anlagen mit einer Nennspannung > 110 kV Übertragungsanlagen. Betriebsindividuelle Verhältnisse können auch eine andere Grenzziehung zwischen Übertragungs- und Verteilungsanlagen bedingen.

110-kV-Leitungen werden regelmäßig nur dann als Übertragungsanlagen geführt werden können, wenn sie Verbundfunktion haben.

Verteilungsanlagen: Die übrigen Anlagen der Elektrizitätsversorgung sind Verteilungsanlagen. Hierzu zählen im Allgemeinen auch die der Übernahme elektrischer Energie vom Lieferanten dienenden Anlagen (Bezugsanlagen), soweit sie nicht Anlagen mit einer Nennspannung > 110 kV sind.

Zu den Hauptgruppen Erzeugungs-, Übertragungs- und Verteilungsanlagen zählen jeweils auch die für Betrieb und Unterhaltung erforderlichen Sekundäranlagen (wie z.B. zugeordnete Werkstätten, Bedienungs- und Überwachungszentralen, Transporteinrichtungen).

Die geleisteten Anzahlungen und die Anlagen im Bau werden wie die fertigen Anlagen ausgewiesen.

Für die Gasversorgung ist – z.T. analog – nach *Fernleitung*, *Verteilung* und *Speicherung* zu gliedern. Zu einigen Zuordnungsfragen s. Abschn. 2.3 dieser Schrift sowie § 2 Abs. 3 EnWG.

Zu erforderlichen Schlüsselungen sei auf Folgendes hingewiesen:

Als geeigneter Aufteilungsmaßstab werden vielfach die Buchrestwertsummen der direkt zugeordneten Vermögensgegenstände zum Ende des Geschäftsjahres angesehen. Damit wird unterstellt, dass die übrigen Vermögensgegenstände in Korrelation zu den direkt zugeordneten Vermögensgegenständen stehen; eine Verteilung nach Buchrestwerten erscheint insoweit vertretbar.

Die Aufteilung nach Buchrestwertsummen führt in Jahren mit erheblichen Aktivierungen oder Abschreibungen auf den niedrigeren beizulegenden Wert zu Verzerrungen. Eine Entzerrung dieser Sonderfaktoren lässt sich durch die Verwendung eines Anschaffungswertschlüssels (Werte ebenfalls zum Ende des Geschäftsjahres) erreichen. Hierdurch werden einerseits alle noch vorhandenen Vermögensgegenstände – mit einem nennenswerten Betrag – in die Ermittlung des Verteilungsschlüssels einfließen; andererseits werden die Sonderfaktoren geglättet. Der Anschaffungswertschlüssel ist demnach im Allgemeinen vorzuziehen.

Die anteilig zuzuordnenden Vermögensgegenstände werden in erster Linie der Verwaltung dienen (Verwaltungsgebäude und Einrichtungen). Dann kommt auch ein allgemeiner, kombinierter Schlüssel in Betracht (allgemeiner „Verwaltungsschlüssel"). U.U. kann dabei auch nach den Bereichen Versorgung und Verkehr differenziert werden.

Für ein Versorgungsunternehmen mit mehreren Sparten ohne größere Erzeugungskapazitäten bietet sich für die Zuordnung gemeinsamer Anlagen ein Verteilungsschlüssel Zähler oder Kunden, ggf. gewichtet mit Äquivalenzziffern, an, weil bei einem derartigen Unternehmen unterstellt werden kann, dass dies dem Verhältnis der Veranlassung bzw. der Inanspruchnahme der übrigen Vermögensgegenstände des Sachanlagevermögens (einschließlich der immateriellen Vermögensgegenstände) entspricht. Ggf. kann hier auch ein mehrstufiges Äquivalenzziffernverfahren sachgerecht sein, wenn entsprechend den Unternehmensverhältnissen eine stärkere Gewichtung einer wie auch immer abzugrenzenden Gruppe sinnvoll erscheint.

Größere Unternehmen verfügen vielfach über eine differenzierte Kosten- und Leistungsrechnung. Dabei werden die Abschreibungen der Vermögensgegenstände verschiedenen Kostenstellen zugerechnet; zugeordnet wird über eine Vielzahl verschiedener Schlüssel. Die Abschreibungen werden hier also nicht nach einem einheitlichen Aufteilungsmaßstab geschlüsselt, sondern in kostenstellenbezogener Abhängigkeit von der Beanspruchung; dem Verursachungsprinzip wird hierdurch in erhöhtem Maße Rechnung getragen. Mit Hilfe von entsprechenden Programmen können die Vermögensgegenstände in einer Rückrechnung entsprechend diesen Aufteilungsmaßstäben ebenfalls den einzelnen Aktivitäten zugerechnet werden. Zwar werden die Anteile der Vermögensgegenstände im Vergleich mehrerer Geschäftsjahre damit unterschiedlich auf die Aktivitäten aufgeteilt, da sich die Schlüssel im Zeitablauf teilweise ändern werden; die Verschiebungen werden jedoch in der Regel nicht nennenswert sein. Im Übrigen stellen diese Verschiebungen die Nutzungsverlagerungen dar, die auch bei einer direkten Zuordnung zu berücksichtigen wären.

Kontengruppe 09 – Finanzanlagen

Für die Finanzanlagen wird eine weitgehend direkte Zuordnung nach den o.g. Grundsätzen möglich sein. Sie können in folgende drei Gruppen untergliedert werden:

- Beteiligungen an Unternehmen mit unmittelbarer wirtschaftlicher Verbindung zur eigenen Versorgungstätigkeit (z.B. Beteiligung an Kraftwerks-, Netz- und Energieeinkaufsgesellschaften),

- Finanzanlagen/Beteiligungen zur Sicherung der eigenen Versorgungstätigkeit (z.B. Beteiligung an Regionalunternehmen oder an Nachbarunternehmen mit ähnlichen Verteilertätigkeiten),

- übrige Finanzanlagen.

Die Beteiligungen an der ersten Gruppe von Unternehmen lassen sich nach dem Unternehmenszweck (z.B. Eigenerzeugung, Stromhandel, ...) den Aktivitäten direkt zuordnen.

Die Finanzanlagen/Beteiligungen der zweiten Gruppe dienen in der Regel der Absatzsicherung und sollten deshalb der Aktivität Verteilung zugerechnet werden.

Alle übrigen Finanzanlagen wären auf alle Aktivitäten zu schlüsseln bzw. insgesamt den sonstigen Aktivitäten oder aber – bei Zweckbezogenheit – direkt zuzuordnen. Als Schlüssel bietet sich auch hier ein allgemeiner „Verwaltungsschlüssel“ an. Eine Zuordnung im Verhältnis der Buchwerte der immateriellen Vermögensgegenstände und der Sachanlagen wäre jedenfalls nicht sachgerecht. Für einzelne Gruppen von Finanzanlagen lassen sich sachgerechtere Schlüssel als ein allgemeiner Schlüssel finden; dann sind diese zu verwenden. Darlehen an Arbeitnehmer lassen sich z.B. direkt zuordnen; eine Schlüsselung nach Beschäftigten ist vertretbar.

Kontenklasse 1 – Kernbrennelemente, Umlaufvermögen und aktive Rechnungsabgrenzungsposten

Kernbrennelemente: Kernbrennelemente – nach der Kontenrahmensystematik zwischen Anlage- und Umlaufvermögen eingeordnet – dienen der Erzeugung. Hiermit verbundener Aufwand ist Erzeugungsaufwand.

Roh-, Hilfs- und Betriebsstoffe: Je nach Organisation des Lagers/der Lagerverwaltung werden mehr oder weniger große Teile des Lagers den einzelnen Aktivitäten direkt zugeordnet werden können. Die Vorräte können im Übrigen alle zu entbündelnden Segmente betreffen. Reine Elektrizitätsversorgungsunternehmen werden dem Erzeugungsbereich erhebliche Teile des Lagers zuordnen können; dies gilt insbesondere für die Primärenergieträger Öl oder Kohle. Kernbrennelemente sind regelmäßig bei den Erzeugungsaktivitäten zu erfassen.

Diejenigen Artikel, die sowohl für das Übertragungs- als auch für das Verteilungsnetz nutzbar sind, können entsprechend dem Verhältnis der Netzlängen aufgeteilt werden; auch ein gemischter Schlüssel aus Netzlänge und Zähleranzahl ist denkbar. Ein reiner Zählerschlüssel wird wegen der unterschiedlichen Anschlussdichte von Übertragungs- und Verteilungsnetz zu Verzerrungen führen und eignet sich demnach in der Regel nur mit Korrekturen (z.B. mit Hilfe von Äquivalenzziffern).

Für Unternehmen, die auch Aktivitäten außerhalb der Elektrizitätsversorgung/Gasversorgung auszuweisen haben, erscheint eine Verteilung der nicht direkt zuzuordnenden Lagermaterialien nach dem Buchrestwert- oder Anschaffungswertschlüssel des Sachanlagevermögens (ggf. von Teilen des Anlagevermögens) praktikabel, sofern der betroffene Lagerbestand überwiegend Anlagengegenstände betrifft. Im Übrigen empfehlen wir einen um die Elektrizitäts-, Gas- und Wasserbezugsaufwendungen bereinigten Materialaufwandschlüssel.

Übrige Vorräte: Auch die übrigen Vorräte wird man teils direkt zuordnen können und im Übrigen je nach Posteninhalt mit einem sachgerechten Anlagen-, Erlös- oder allgemeinen „Verwaltungsschlüssel" verteilen.

Forderungen und sonstige Vermögensgegenstände: Liefer- und Leistungsforderungen (Energieverkauf, Durchleitungsentgelte) lassen sich im Allgemeinen direkt zuordnen, manchmal erschwert durch Zuordnungsprobleme bei Teilzahlungen/Abschlägen. Die nicht direkt zugeordneten Forderungen sind in der Regel mit einem Umsatzschlüssel zuzuordnen.

Der Posten „Sonstige Vermögensgegenstände" kann sehr unterschiedlich zusammengesetzt sein. Gehaltsvorschüsse können mit einem Personalaufwandschlüssel aufgeteilt werden. Erstattungsansprüche aus Körperschaftsteuer, Kapitalertragsteuer und Zinsabschlagsteuer sind entsprechend dem Aufteilungsmaßstab der sie begründenden Erträge – z.B. Finanzanlagen, Wertpapiere, Festgelder – aufzuteilen. Darüber hinaus gelten die Grundsätze der Aufteilung der Steuern (s.u.).
Ein etwaiger Vorsteuerüberhang wird hier saldiert ausgewiesen. Für die Aufteilung ist zunächst zwischen Vorsteuer und Umsatzsteuer zu trennen, falls es sich nicht um zu vernachlässigende Beträge handelt (Saldierungsverbot); eine Aufteilung ist immer dann geboten, wenn z.B. in einer Aktivität ein Vorsteuerüberhang aufgrund erhebli-

cher Investitionen besteht, in anderen aber Umsatzsteuerverbindlichkeiten vorhanden sind; hier würde eine Verrechnung zu nicht gerechtfertigten Vermögensverschiebungen führen. Die Umsatzsteuer ist im Verhältnis der Umsatzerlöse zu schlüsseln (vereinfachend nach dem Umsatz des letzten Monats). Die Vorsteuer wird in der Regel im Verhältnis des Materialaufwandes, ggf. zuzüglich der sonstigen betrieblichen Aufwendungen aufgeteilt werden können. Da sich jedoch erhebliche Vorsteuerbeträge auch aus nicht aufwandwirksamen Aktivierungen ergeben können, empfiehlt sich bei einem erheblichen Investitionsvolumen eine Vorabzuordnung; auch hier ist die Grenze nur im Einzelfall unter dem Gesichtspunkt der Wesentlichkeit zu ziehen.
Im Übrigen erscheint eine Verteilung im Verhältnis der sonstigen betrieblichen Erträge oder eines Verwaltungsschlüssels sachgerecht.

Die Forderungen gegen verbundene Unternehmen und Unternehmen mit Beteiligungsverhältnis sind wie die entsprechenden Finanzanlagen zuzuordnen.

Die Forderungen gegen den Gesellschafter – wie auch die übrigen Forderungen oder Verbindlichkeiten – werden bei Vorliegen der Aufrechnungsvoraussetzungen üblicherweise saldiert ausgewiesen (z.B. Forderungen aus Verlustausgleich einer Verkehrssparte, Forderungen aus Lieferungen von Wasser, Verbindlichkeiten aus Leistungen der Stadt, Verbindlichkeiten gegenüber der Stadt aus der Konzessionsabgabe Strom, Gas und Wasser usw.). Für den Ausweis in den Segmentabschlüssen ist das Saldierungsverbot in Verbindung mit dem Grundsatz der Annahme getrennter Unternehmen zu beachten. Eine generelle Schlüsselung ist nicht zulässig; erst innerhalb der Aktivitäten-Bilanzen kann wieder verrechnet werden.

Wertpapiere: Für die Wertpapiere des Umlaufvermögens gelten die Ausführungen zu den Finanzanlagen entsprechend.

Liquide Mittel: Die Aufteilung der liquiden Mittel (einschließlich der kurzfristigen Bankverbindlichkeiten) wirft – neben den Posten des Kapitalbereiches – besondere Fragen auf. Ein laufendes Nachhalten des Geldflusses nach Segmenten (progressive Zuordnung) ist im Einzelfall wegen des damit verbundenen Arbeitsaufwandes nicht vertretbar; die Einrichtung von getrennten Kassen- und Bankkonten würde aber auch nicht von der Problematik der Aufteilung befreien, da viele Zahlungsvorgänge mehrere Aktivitäten betreffen. Aber auch ein einwandfreier umfassender Schlüssel ist nicht erkennbar. Allerdings besteht ein gewisser Zusammenhang zwischen dem Geldfluss der jeweiligen Aktivität und der Entwicklung des Bestandes der liquiden Mittel der einzelnen Aktivität; periodenbezogene (Ex-post-)Cash-flow-Rechnungen können also segmentbezogen die Veränderung der Barliquidität anzeigen.

Problematisch sind (nachhaltig) defizitäre Aktivitäten (z.B. Verkehr und Bäder), weil sie regelmäßig mit einem negativen Cash flow schließen. Die oben beschriebene Vorgehensweise kann zu einem negativen Bestand an liquiden Mitteln führen. Vertretbar erscheint es wegen des regelmäßig erforderlichen Verlustausgleichs, die defizitären Bereiche bei der Verteilung der liquiden Mittel unberücksichtigt zu lassen, ihnen also vorweg einen Bestand von Null € zuzuordnen; dies lässt sich damit rechtfertigen, dass bei einer entsprechenden Finanzplanung der Ausgleichsverpflichtete jeweils nur die kurzfristig benötigten Mittel einzahlen würde, so dass der Finanzmittelbestand nahezu Null € betragen würde.

Für die Ermittlung des Erstjahresbestandes kann die Cash-flow-Rechnung des Geschäftsjahres herangezogen werden. Ein Vorjahresbestand braucht nicht ermittelt zu werden. Allerdings stellt sich für Folgejahre die Frage der Aufteilung. Insbesondere ist fraglich, ob eine Schlüsselung der jeweiligen Jahresendbestände ausreicht oder ob eine Fortschreibung der Bestände zum Ende des Folgejahres erforderlich ist.

Grundsätzlich bieten sich zwei Vorgehensweisen an: Zum einen könnten die Bestände zum Ende des folgenden Wirtschaftsjahres wie oben beschrieben ermittelt werden; eine Fortschreibung im engeren Sinne fände somit nicht statt. Da die Segmentabschlüsse jedoch nach der Fiktion „getrennter Firmen" aufzustellen sind, wird eine Fortschreibung der Bestände unumgänglich sein. Eine praktikable und mit vertretbarem Zeitaufwand durchführbare Vorgehensweise besteht in der Ermittlung der Differenz des Bestandes der liquiden Mittel und der Aufteilung der Veränderung im Verhältnis des positiven Geldflusses; auch bei diesem Verfahren würden die Sparten mit negativem Geldfluss unberücksichtigt bleiben. Sofern Mehrspartenunternehmen, also z.B. Unternehmen mit Verkehrs- und/oder Bäderbetrieben, ausschließlich Aktivitätenabschlüsse mit den in §§ 9 Abs. 2 und 9a Abs. 2 EnWG genannten Aktivitäten erstellen, würden positiver und negativer Geldfluss innerhalb der übrigen Aktivitäten verrechnet, so dass deren Saldo in die Veränderung dieser Finanzmittelbestände einfließen würde.

Die jeweils zugrunde gelegte Abgrenzung des Finanzmittelfonds (etwa als Liquidität 1. Grades oder 2. Grades) wird sich systembedingt auf die Zuordnung zu den einzelnen Segmentabschlüssen auswirken.

Aktive Rechnungsabgrenzungsposten: Da die aktiven Rechnungsabgrenzungsposten Aufwendungen späterer Perioden erfassen, eignet sich für die nicht unmittelbar zuzuordnenden Restbeträge der Aufwandschlüssel, der dem überwiegenden Teil des Verteilungsbetrages entspricht. So sind abgegrenzte Personalaufwendungen nach dem Personalaufwandschlüssel zu verteilen; ein Personalschlüssel nach Köpfen erscheint weniger geeignet.

Passiva

Kontenklasse 2 – Eigenkapital, Zuschüsse und Rückstellungen

Eigenkapital: Die einzelnen Aktivitäten verfügen über kein gezeichnetes Kapital. Daher erscheint es vertretbar und sachgerecht, das den einzelnen Aktivitäten zugeordnete Eigenkapital unter einem Posten, z.B. „Zugeordnetes Eigenkapital", zu erfassen. Eine Untergliederung des Eigenkapitals nach einzelnen Posten (etwa „Anteiliges Stamm-/ Grundkapital", „Rücklagen") in den Aktivitäten-Bilanzen ist möglich, aber nicht zwingend.

Die aus der Anwendung nicht völlig korrespondierender Schlüssel auf Bestands- und Erfolgskonten entstehenden Differenzen sollten in der Bilanz innerhalb des Eigenkapitals als Ausgleichsposten gesondert berücksichtigt werden. Im Übrigen verweisen wir auf unsere Ausführungen zur Behandlung des Eigenkapitals in Abschn. 5.1.

Sonderposten mit Rücklageanteil: Im Allgemeinen dürfte direkte Zuordnung zu einzelnen Aktivitäten möglich sein. Ggf. ist eine Schlüsselung geboten, die den jeweiligen Sachzusammenhang (z.B. mit gemeinsam genutzten Anlagengegenständen) zu berücksichtigen hat.

Zuschüsse: Zuschüsse werden häufig zweckbezogen gewährt und sind deshalb direkt zuzuordnen.

Empfangene Baukostenzuschüsse (Ertragszuschüsse) der Versorgungsbetriebe dienen regelmäßig dazu, die Wirtschaftlichkeit der Anschlüsse zu erhöhen. Sie sollten – soweit sie nicht bereits in der Bilanz aktivisch abgesetzt wurden – entsprechend den zugehörigen Anschlüssen (s. Abschn. 4.2.2) eingeordnet werden.

Rückstellungen für Pensionen und ähnliche Verpflichtungen: Die Rückstellungen für Pensionen und ähnliche Verpflichtungen können großenteils direkt zugeordnet werden, soweit bekannt ist, welcher Mitarbeiter in welchem Segment tätig ist bzw. war. Da jedoch etliche Mitarbeiter (z.B. der Verwaltung) übergreifend tätig sind und folglich nicht direkt zugeordnet werden können und da ein enger sachlicher Zusammenhang zwischen den Personalaufwendungen und den Pensions- und ähnlichen Verpflichtungen besteht, halten wir eine Schlüsselung mit dem Personalaufwandschlüssel – u.U. auch insgesamt – für sinnvoll; sofern sich erhebliche Verschiebungen ergeben, z.B. weil ein Unternehmen in einem Bereich Personal aufbaut und/oder in einem anderen abbaut, kann die Gesamtschlüsselung ein unzutreffendes Bild vermitteln und ist also nicht sachgerecht.

Steuerrückstellungen: Bei den Steuerrückstellungen ist zwischen den Ertragsteuer- und den sonstigen Rückstellungen zu unterscheiden.

Die Substanzsteuern können entsprechend dem zugrunde liegenden Vermögen bzw. den mit ihnen im Zusammenhang stehenden Aufwendungen – im Zweifel nach einem Buchrestwertschlüssel oder Anschaffungs-/Herstellungskostenschlüssel bzw. dem entsprechenden Aufwandschlüssel – verteilt werden. Geringfügige Beträge können ersatzweise auch mit einem Verwaltungsschlüssel verteilt werden.

Hinsichtlich der Ertragsteuern verweisen wir auf unsere Ausführungen in Abschn. 5.5; die Aufteilung der Ertragsteuerrückstellungen korrespondiert mit der Ermittlung der Aufwandposten.

Sonstige Rückstellungen: Sofern sonstige Rückstellungen nicht eindeutig zugeordnet werden können, bietet sich für die Schlüsselung je nach Art dieser Rückstellung ein Personalaufwand-, Materialaufwand- oder Verwaltungsschlüssel an.

Kontenklasse 3 – Verbindlichkeiten und passive Rechnungsabgrenzungsposten

Anleihen und Verbindlichkeiten gegenüber Kreditinstituten: Zu den Verbindlichkeiten aus Anleihen und den Verbindlichkeiten gegenüber Kreditinstituten sei auf Abschn. 5.1 verwiesen.

Erhaltene Anzahlungen auf Bestellungen: Erhaltene Anzahlungen auf Bestellungen lassen sich im Allgemeinen direkt zuordnen; im Übrigen ist entsprechend den Leistungen zu schlüsseln, für die sie erhalten wurden.

Verbindlichkeiten aus Lieferungen und Leistungen: Da die Verbindlichkeiten aus Lieferungen und Leistungen mit den Posten „Materialaufwand" und „Sonstige betriebliche Aufwendungen" korrespondieren – Aktivierungen sind, soweit möglich, entsprechend vorab zuzuordnen, ebenso klar aktivitätenbezogene Bestandteile (etwa Energie- und Wasserbezug) –, empfiehlt sich ein kombinierter Schlüssel aus Materialaufwand und sonstigen betrieblichen Aufwendungen. Um wesentliche Verzerrungen zu vermeiden, sollten bei der Schlüsselbildung Aufwendungen größeren Umfangs, die einzeln zugeordnet worden sind (z.B. Elektrizitätsbezug, Gasbezug, Wasserbezug), unberücksichtigt bleiben. Ein so bereinigter Aufwandschlüssel erscheint für die Schlüsselung als beste vertretbare Lösung. Da bei einer nicht unerheblichen Zahl von Unternehmen die restlichen Aufwendungen für Roh-, Hilfs- und Betriebsstoffe und für bezogene Waren nach Zuordnung der Bezugsaufwendungen für Energie und Wasser nur noch geringes Gewicht haben werden, kann aus Vereinfachungsgründen auch ersatzweise eine Verteilung nach den Aufwendungen für bezogene Leistungen und sonstigen betrieblichen Aufwendungen erwogen werden.

Verbindlichkeiten gegenüber verbundenen Unternehmen, Verbindlichkeiten gegenüber Unternehmen, mit denen ein Beteiligungsverhältnis besteht: Die – nach direkter Zuordnung noch verbleibenden – Restbeträge können im Verhältnis der Zuordnung der Beteiligungen oder nach einem „Verwaltungsschlüssel" zugeordnet werden. Ist der Inhalt des Restbetrages sachlich nahezu einheitlich auf eine bestimmte Herkunftsart zurückzuführen, kann insgesamt ein entsprechender Schlüssel verwendet werden, z.B. für Zinsen ein Darlehensschlüssel. Wie bei den Aktiva kann es gerade bei diesem Posten zu erheblichen Saldierungen kommen, die zuvor zu separieren und getrennt den jeweiligen Aktivitäten zuzuordnen sind.

Sonstige Verbindlichkeiten: Bei den sonstigen Verbindlichkeiten lassen sich bestimmte Gruppen von Konteninhalten feststellen, die jeweils mit einem verursachungsnahen Schlüssel aufgeteilt werden können. Soweit es sich um Verbindlichkeiten im Zusammenhang mit Personalaufwendungen handelt (Lohn- und Kirchensteuer, Sozialversicherungsbeiträge, Verpflichtungen gegenüber Versorgungseinrichtungen usw.), kommt in erster Linie ein Personalaufwandschlüssel in Betracht.

Zur Aufteilung eines Umsatzsteuerüberhangs vgl. unsere Ausführungen zum Vorsteuerüberhang unter den Forderungen und sonstigen Vermögensgegenständen.

Im Übrigen sind je nach Herkunft der Beträge ein „Verwaltungsschlüssel" oder eine Verteilung im Verhältnis der sonstigen betrieblichen Aufwendungen sinnvoll.

Passive Rechnungsabgrenzungsposten: Die Ausführungen zu den aktiven Rechnungsabgrenzungsposten gelten entsprechend.

4.4.3 Zuordnung der Posten der Gewinn- und Verlustrechnung

Kontenklasse 4 – Umsatzerlöse

Der größte Teil der Umsatzerlöse lässt sich direkt zuordnen. Die Umsatzerlöse aus Elektrizitätsversorgungen sind um Zusatzkonten für Erlöse aus Durchleitungen und – falls vorkommend – aus der Alleinabnehmertätigkeit zu ergänzen.

Die innerbetrieblichen Lieferungen und Leistungen zwischen den Aktivitäten des Gesamtunternehmens werden in Kontenklasse 7 erfasst.

Die Umsatzerlöse aus den Nebengeschäften und den gemeinsamen Anlagen können alle Aktivitäten betreffen; Nebengeschäfte können den Sparten – außerhalb der vorgeschriebenen Segmentierung – zugeordnet oder auch innerhalb der sonstigen Aktivitäten erfasst werden. Im Wesentlichen wird eine direkte Zuordnung möglich sein. Im Übrigen können die Umsätze entweder im Verhältnis der direkt zugeordneten Umsatzerlöse geschlüsselt oder nach einem Verwaltungsschlüssel aufgeteilt werden.

Kontenklasse 5 – Andere Betriebserträge und Betriebsaufwendungen

Erhöhung oder Verminderung des Bestandes an fertigen und unfertigen Erzeugnissen: Dieser Posten ergibt sich segmentbezogen aus den Veränderungen der Bestände.

Andere aktivierte Eigenleistungen: Die anderen aktivierten Eigenleistungen neutralisieren in der GuV-Rechnung nach dem Gesamtkostenverfahren Aufwendungen, denen Aktivierungen gegenüberstehen. Bei den anderen aktivierten Eigenleistungen können sich Besonderheiten ergeben, wenn ein Vorgang aus Sicht des Gesamtunternehmens einen anderen Charakter als aus Aktivitätensicht erhält. Hierfür können Umbuchungen aus Kontenklasse 7 erforderlich werden, um die handelsrechtliche Gesamt-GuV-Rechnung richtig abzuleiten. In der Aktivitäten-GuV-Rechnung kann es deshalb nur dann andere aktivierte Eigenleistungen geben, wenn die jeweilige Aktivität für sich selbst etwas hergestellt hat; bei Aktivierung in einer anderen Aktivität liegt ein Leistungsaustausch zwischen den Aktivitäten vor, der nach der Fiktion getrennter

Unternehmen als innerbetriebliche Leistungsverrechnung auszuweisen ist. Es wäre also systematisch unrichtig, aktivierte Eigenleistungen des Gesamtabschlusses lediglich auf die Aktivitäten aufzuteilen; die Segmentierung kann mit einer Inhaltsänderung verbunden sein.

Sonstige betriebliche Erträge: Die sonstigen betrieblichen Erträge sind, soweit möglich, direkt zuzuordnen; für die Restbeträge kommen ein allgemeiner Schlüssel oder eine Aufteilung im Verhältnis der direkt zugeordneten sonstigen betrieblichen Erträge in Betracht. In jedem Falle sind Zusammenhänge mit korrespondierenden Bilanzposten zu beachten.

Materialaufwand: Der Materialaufwand ist nach den zu segmentierenden Aktivitäten der Elektrizitätsversorgung wie folgt aufzuteilen:

- Erzeugungsanlagen und Erzeugungstätigkeit
- Übertragungsanlagen und Übertragungstätigkeit
- Verteilungsanlagen und Verteilungstätigkeit

In der Gasversorgung gilt dies entsprechend für die Aktivitäten Fernleitung, Verteilung und Speicherung.

Die für die Erlangung von Nutzungsrechten zu zahlenden Entgelte können bei allen Aktivitäten anfallen; so betreffen z.B. die Wassernutzungsrechte für die Erzeugung elektrischer Energie in Wasserkraftanlagen die Erzeugungsaktivität der Stromversorgung, die Grundstücksnutzungsrechte für Bau und Betrieb elektrischer Leitungen und Stationen werden den Transport- und den Verteilungsaktivitäten zuzuordnen sein.

Größtenteils wird bei dem Materialaufwand eine direkte Zuordnung möglich sein; dies gilt insbesondere für die Energiebeschaffung, die zum Handel und Vertrieb gehört. Der Restbetrag lässt sich im Verhältnis des direkt zugeordneten Aufwandes oder nach einem allgemeinen Schlüssel zuordnen.

Personalaufwand: Soweit wie möglich ist entsprechend den Tätigkeiten der Mitarbeiter direkt zuzuordnen. Restbeträge können im Verhältnis der direkt verteilten Personalaufwendungen geschlüsselt werden; u.U. kann auch ein Personalschlüssel nach Köpfen als Aufteilungsmaßstab dienen.

Aufwand für Altersversorgung ist im Grundsatz nach gegenwärtiger bzw. – bei Rentnern bzw. Hinterbliebenen – nach früherer Tätigkeit aufzugliedern; vereinfachende Annahmen dürften vertretbar sein.

Einzelne Unternehmen weisen den Zinsanteil an der Dotierung der Pensionsrückstellungen unter den Zinsaufwendungen aus. Die Aufteilung folgt dann den dort geltenden Maßstäben.

Abschreibungen: Aufzuteilen ist entsprechend der Zuordnung der abzuschreibenden Vermögensgegenstände.
Sonstige betriebliche Aufwendungen: Soweit direkte Zuordnung nicht möglich ist, werden die sonstigen betrieblichen Aufwendungen z.T. im Rahmen innerbetrieblicher

Umlagen verteilt werden können. Der Restbetrag kann wiederum im Verhältnis der verteilten Beträge oder nach einem Verwaltungsschlüssel zugeordnet werden.

Kontenklasse 6 – Geschäftserträge und Geschäftsaufwendungen

Finanzerträge und -aufwendungen: Die Zuordnung der Finanzanlagen und der Darlehen in der Bilanz bestimmt auch die Buchung der entsprechenden Geschäftserträge und -aufwendungen.

Soweit möglich, ist direkt entsprechend der Behandlung der korrespondierenden Bilanzposten (Beteiligungen, Ausleihungen, Darlehen) zuzuordnen. Ggf. wird man mit Mittelwertrechnungen arbeiten, und zwar sowohl hinsichtlich der Bestandsgrößen innerhalb der Rechnungsperiode als auch hinsichtlich der Zinssätze. Dabei kann auch der Segment-Cash-flow berücksichtigt werden.

Hinsichtlich der Verzinsung innerbetrieblicher Darlehen sei auf Abschn. 5.3 verwiesen.

Außerordentliche Erträge und Aufwendungen: Direkte Zuordnung dürfte die Regel sein. Die nicht direkt zuzuordnenden Beträge können nach einem allgemeinen Schlüssel verteilt werden.

Steuern vom Einkommen und vom Ertrag: Die mit der Verteilung der Steuern vom Einkommen und vom Ertrag verbundenen Fragen sind in Abschn. 5.5 gesondert dargestellt.

Sonstige Steuern: Bei den sonstigen Steuern sind die jeweiligen wirtschaftlichen Zusammenhänge zu beachten, etwa die Zuordnung von Kraftfahrzeugen bei der Kfz-Steuer und von Grundstücken bei der Grundsteuer.

Kontenklasse 7 – Verrechnungs-, Abgrenzungs- und Abschlusskonten

Die verrechneten Erträge und Aufwendungen aus Lieferungen und Leistungen zwischen den verschiedenen Aktivitäten eines Unternehmens sind hier zu erfassen. Der Kontenplan ist deshalb entsprechend den Aktivitätendefinitionen zu erweitern. Zusätzlich sind Unterkonten für die einzelnen Erlös- und Aufwandarten einzurichten.

Kontenklasse 8 – Auftragsabrechnung

Auch hier sind weitere Unterkonten für die zu entbündelnden Segmente anzulegen; im Übrigen ohne Besonderheiten.

5 Einzelfragen

5.1 Behandlung des Kapitalbereichs (Eigen- und Fremdkapital)

5.1.1 Allgemeines

Die Bilanzposten der zu segmentierenden handelsrechtlichen Bilanz lassen sich danach unterscheiden, ob sie mit einzelnen Aktivitäten in einem betriebswirtschaftlichen Funktionszusammenhang stehen oder nicht; Entsprechendes gilt für die zugehörigen GuV-Posten. Zur ersten Gruppe zählen das Anlagevermögen (Probleme können sich hierbei jedoch bei Anlagen der Kuppelproduktion und bei gemeinsamen Anlagen ergeben), Vorräte, Forderungen und Verbindlichkeiten aus Lieferungen und Leistungen sowie Rückstellungen; diese Bilanzposten werden – wie bereits gezeigt – den Aktivitäten direkt oder schlüsselmäßig zugeordnet.

Zur zweiten Gruppe gehören – aktivitätenübergreifende – Bilanzposten, die im Zusammenhang mit der Finanzierung durch Eigenkapital[59] oder durch Darlehen von Dritten stehen, daneben aber auch steuerliche Sonderposten (vgl. dazu Abschn. 5.4). Die Annahme, dass das Eigenkapital oder das Fremdkapital[60] einen bestimmten Vermögensgegenstand einer Aktivität finanziert, ist betriebswirtschaftlich im Regelfalle fragwürdig, denn das Unternehmen wird als Ganzes durch Eigen- und Fremdkapital finanziert. Auch kann ein solcher betriebswirtschaftlicher Funktionszusammenhang zwischen dem Vermögensgegenstand und seiner Finanzierung nicht bereits daraus zwingend abgeleitet werden, dass das Darlehen für die Finanzierung einer bestimmten Investition aufgenommen wurde, da dies im Allgemeinen im Rahmen einer Gesamt-Finanzplanung geschieht. Dies schließt es allerdings nicht aus, dass in manchen Fällen dennoch objektspezifisch finanziert wird, etwa bei Sacheinlagen oder bei (zinsgünstigen) Darlehen aus Förderprogrammen.

---

59 Die bisherige Praxis der Elektrizitätsunternehmen zeigt, dass insbesondere das Eigenkapital den Aktivitäten in sehr unterschiedlicher Weise zugeordnet wird. S. hierzu auch: Thomas Padberg, Carsten Gubelt, Carsten Padberg, Zur Aussagekraft der Segmentinformationen von Elektrizitätsversorgungsunternehmen nach § 9 EnWG, in: Versorgungswirtschaft 2001, S. 81.

60 Als Fremdkapital werden insbesondere langfristig) Fremdmittel verstanden; kurzfristige Bankverbindlichkeiten sind mit den flüssigen Mitteln zusammenzufassen, andere Fremdmittel weitgehend direkt zuzuordnen.

Vor diesem Hintergrund erscheint es daher sachgerecht, den gesamten Finanzierungsbereich aus Eigen- und Fremdkapital den sonstigen Aktivitäten zuzuweisen. Die Beträge und die Einzelposten des Eigen- und Fremdkapitals könnten hierbei unmittelbar aus der handelsrechtlichen Bilanz übernommen werden; entsprechend problemlos wäre auch die Fortschreibung in Folgejahren. Auf der Aktivseite der Aktivitäten-Bilanz wären für die sonstigen Aktivitäten in Höhe des Eigenkapitals "interne Beteiligungen" und in Höhe des Fremdkapitals "interne Darlehen" auszuweisen. In Höhe der internen Beteiligungen und internen Darlehen wären in den Aktivitäten-Bilanzen der anderen Aktivitäten entsprechende Gegenposten auf der Passivseite zu zeigen[61]. Insbesondere IDW ERS ÖFA 2[62] verlangt aber eine möglichst vollständige Zurechnung auch dieser Bilanzposten auf die Aktivitäten; erreichbar ist dies auch dadurch, dass der Kapitalbereich nur intern in der beschriebenen Weise zunächst brutto behandelt, dann aber für die Segmentierung nach §§ 9 und 9a EnWG durch Saldierung aufgelöst wird. Den Aktivitäten-Bilanzen wären dann aber nicht mehr einzelne Fremdkapitalquellen (z.B. Darlehen) zugeordnet, sondern Anteile an der Fremdfinanzierung.

In Abhängigkeit von

- der Trennung oder Zusammenfassung des Eigen- und Fremdkapitalbereichs[63],
- der Zuordnung zu den einzelnen Segmenten oder zu den sonstigen Aktivitäten,
- der Bestimmung eines Bilanzpostens als Residualgröße und
- der erstmaligen Zuordnung oder der Fortschreibung

lassen sich verschiedene Fallgestaltungen unterscheiden, die im Folgenden dargestellt werden.

---

61 Dieser Gedanke wird von Dorprigter, Ulrich, Energiewirtschaft: Die Zuordnung von Eigen- und Fremdkapital sowie von Finanzmitteln in einer Unbundlingrechnung, Controller-Magazin 2001, S. 166, unter dem Begriff „Finanzfondskonzept“ weiterentwickelt (vgl. Abschn. 5.1.4)

62 IDW ERS ÖFA 2 a.a.O.; noch weitergehend Lurweg, Ohde, a.a.O. S. 17, die ausschließlich eine Aufführung der Posten des Jahresabschlusses für gesetzeskonform halten.

63 Um die folgenden Beispiele nicht unnötig zu verkomplizieren, werden das Eigen- und das Fremdkapital zusammengefasst.

5.1.2 Zuordnung von Eigenkapital zu den Aktivitäten (Netto-Ausweis)

(1) Erstmalige Zuordnung

Folgende Vorgehensweise ist möglich und sinnvoll[64] (Beispiel (1)): Vor der erstmaligen Zuordnung des Eigenkapitals auf die Aktivitäten werden alle anderen Bilanzposten im Beispiel (im Beispiel einschließlich Fremdkapital) den Aktivitäten direkt oder über Schlüssel zugeordnet; anschließend wird das Eigenkapital der Aktivitäten als Residualgröße (Saldo) bestimmt.

Die Einzelkomponenten des Eigenkapitals werden hierbei individuell ermittelt: Das gezeichnete Kapital wird nach dem Anlagenschlüssel[65], die Kapitalrücklage – entsprechend der ursprünglichen Herkunft – direkt zugeordnet. Das Jahresergebnis ergibt sich aus der GuV-Rechnung. Die Gewinnrücklagen bilden innerhalb des Eigenkapitals dann die eigentliche Residualgröße; durch diese Vorgehensweise kommt es auch nicht zum Ausweis eines sog. Kapitalverrechnungspostens (vgl. Abschn. 5.2).

---

[64] Die Beispiele sollen die Grundzüge unterschiedlicher Vorgehensweisen veranschaulichen. Es wurde also ein Unternehmen mit nur einer Energiesparte unterstellt; ferner ist der Bereich Handel/Vertrieb nicht gesondert gezeigt.

[65] (Direkt zugeordnete) Sachanlagen-Buchwerte je Aktivität/Sachanlagen-Buchwert des Versorgungsunternehmens.

Beispiel (1)

	Summe	Erzeugung	Übertragung	Verteilung	Sonstige Aktivitäten
	T€	T€	T€	T€	T€
Direkt zugeordnetes Sachanlagevermögen	36.000	11.000	5.000	12.000	8.000
Anlagenschlüssel		30,6 %	13,9 %	33,3 %	22,2 %
Schlüsselmäßig Zugeordnetes Sachanlagevermögen	2.000	611	278	667	444
	38.000	11.611	5.278	12.667	8.444
Gezeichnetes Kapital	11.000	3.366	1.529	3.663	2.442
Kapitalrücklage	700	500	0	200	0
Gewinnrücklagen[66]	10.730	3.548	2.773	2.931	1.478
Jahresergebnis	4.100	274	928	1.650	1.248
	26.530	7.688	5.230	8.444	5.168
Fremdkapital	17.000	8.000	1.000	6.000	2.000
Andere Passiva	11.750	2.052	1.144	4.356	4.198
Bilanzsumme	55.280	17.740	7.374	18.800	11.366

In dem folgenden Beispiel (2) wird das gesamte Eigenkapital auf die Aktivitäten proportional nach dem Anteil der Eigenfinanzierung des Anlagevermögens (0,6982 %) verteilt, der sich aus dem Eigenkapital des Versorgungsunternehmen (26.530 T€) und dem direkt und indirekt zugeordneten Sachanlagevermögen (38.000 T€) ergibt. Damit wird unterstellt, dass die Aktivitäten in diesem Verhältnis mit Eigenkapital ausgestattet werden, das bedeutet aber auch, dass das Eigenkapital bzw. das Jahresergebnis der Aktivitäten-Bilanz regelmäßig über Kapitalverrechnungsposten (vgl. Abschn. 5.2) an den Ergebnisausweis in der Aktivitäten-GuV-Rechnung anzupassen ist. Da – wie in Beispiel (1) – die anderen Aktiva und Passiva bereits verteilt sind, wird jetzt das Fremdkapital zur Residualgröße; die Bilanzsumme bleibt unverändert.

---

[66] Von einem Ergebnisvortrag wird abgesehen.

Beispiel (2)

	Summe	Erzeugung	Übertragung	Verteilung	Sonstige Aktivitäten
	T€	T€	T€	T€	T€
Sachanlage-vermögen	38.000	11.611	5.278	12.667	8.444
Eigenkapital (0,6982 %)	26.530	8.106	3.685	8.844	5.895
Fremdkapital	17.000	7.582	2.545	5.600	1.273
Andere Passiva	11.750	2.052	1.144	4.356	4.198
Bilanzsumme	55.280	17.740	7.374	18.800	11.366

Durch die Verteilung nach der Eigenfinanzierung des Anlagevermögens ändert sich die Zusammensetzung der Ausstattung durch Eigen- und Fremdkapital in den einzelnen Aktivitäten; die Summe aus Eigen- und Fremdkapital in den Aktivitäten bleibt allerdings unverändert. Das Eigenkapital kann vereinfachend in einem Betrag (z.B. als "zugeordnetes Eigenkapital") gezeigt werden[67]. Die einzelnen Posten des Eigenkapitals können jedoch auch hier nicht – ähnlich wie in Beispiel (1) – gesondert dargestellt werden; diesbezüglich das folgende Beispiel (3). Da die anderen Eigenkapitalkomponenten ebenfalls wie in Beispiel (1) zugeordnet wurden, übernehmen die Gewinnrücklagen auch in diesem Fall eine Pufferfunktion, allerdings nur im Verhältnis zum Eigenkapital und nicht zur Bilanzsumme.

Beispiel (3)

	Summe	Erzeugung	Übertragung	Verteilung	Sonstige Aktivitäten
	T€	T€	T€	T€	T€
Gezeichnetes Kapital	11.000	3.366	1.529	3.663	2.442
Kapitalrücklage	700	500	0	200	0
Gewinnrücklagen	10.730	3.966	1.228	3.331	2.205
Jahresergebnis	4.100	274	928	1.650	1.248
	26.530	8.106	3.685	8.844	5.895

67 So auch IDW ERS ÖFA 2, Tz 34.

(2) Fortschreibung

Das folgende Zahlenbeispiel (4) knüpft an die Zahlen aus Beispiel (3) an und entwickelt diese fort.

Die angenommene Ausschüttung des Unternehmens für das Vorjahr wurde im Verhältnis des für Ausschüttungen verfügbaren Eigenkapitals (Gewinnrücklagen und Jahresergebnis) auf die Aktivitäten verteilt

(z.B. für die Erzeugung: $\frac{3.966\ T€\ +\ 274\ T€}{10.730\ T€ + 4.100\ T€} \times 2.600 = 743\ T€$).

Denkbar wäre hier auch die einschränkende Annahme, dass eine Ausschüttung nur bei einer positiven Summe aus Gewinnrücklagen und Jahresergebnis in der Aktivität möglich ist oder nur aus einem Jahresüberschuss zulässig sein soll. Die Einstellung in Gewinnrücklagen wird im Verhältnis der Jahresüberschussanteile ermittelt

(z.B. für die Übertragung: $\frac{2.800\ T€}{15.800\ T€} \times 10.000 = 1.772\ T€$).

Beispiel (4)	Summe	Erzeugung	Übertragung	Verteilung	Sonstige Aktivitäten
	T€	T€	T€	T€	T€
Jahresergebnis	4.100	274	928	1.650	1.248
Ausschüttung	2.600	743	378	873	606
Gewinnvortrag	1.500	– 469	550	777	642
Jahresüberschuss	15.800	500	2.800	7.000	5.500
Einstellung in Gewinnrücklagen	10.000	317	1.772	4.430	3.481
Bilanzergebnis	7.300	– 286	1.578	3.347	2.661
Daraus ergibt sich das folgende fortgeschriebene Eigenkapital:					
Gezeichnetes Kapital	11.000	3.366	1.529	3.663	2.442
Kapitalrücklage	700	500	0	200	0
Gewinnrücklage	20.730	4.283	3.000	7.761	5.686
Bilanzergebnis	7.300	– 286	1.578	3.347	2.661
	39.730	7.863	6.107	14.971	10.789

5.1.3 Zuordnung von Fremdkapital zu den Aktivitäten (Netto-Ausweis)

(1) Erstmalige Zuordnung

Als Kriterium der Zuordnung von Fremdkapital zu den Aktivitäten bietet sich bei einer objektbezogenen Finanzierung die ursprüngliche Zweckbestimmung an; hilfsweise könnte auch aufgrund der Besicherung des Darlehens zugeordnet werden. Wegen der Unternehmens-Gesamtfinanzierung ist eine Zuordnung des Fremdkapitals aber nicht nur für die Vergangenheit schwierig und betriebswirtschaftlich zweifelhaft; vgl. Abschn. 4.1. Im übrigen verweisen wir auf die Beispiele (1) und (2).

(2) Fortschreibung

Die jeweils gesonderte Fortschreibung in den Folgejahren sollte sich sinnvollerweise am Finanzbedarf oder -überschuss der Aktivitäten orientieren, also am Liquiditätsbeitrag der Aktivitäten. Dabei könnte z.B. je Aktivität eine Finanzierungsrechnung erstellt werden, in der den Netto-Investitionen der Einnahmenüberschuss (Cash flow) gegenübergestellt wird. Die Zahlen für das folgende Beispiel knüpfen an Beispiel (2) an.

Ziel dieser Finanzierungsrechnung ist es, den Differenzbetrag (Netto-Kreditaufnahme oder -tilgung) zwischen dem Anfangs- und Endstand des Fremdkapitals (in Beispiel (5) 2.000 T€) im Verhältnis des Finanzbedarfs auf die Aktivitäten zu verteilen.

Auch wenn wie im Beispielsfall der Finanzbedarf um 200 T€ größer als die Netto-Kreditaufnahme ist, ist ausschließlich die Netto-Kreditaufnahme auf die Aktivitäten zu verteilen. Ist der ermittelte Finanzbedarf kleiner als die Netto-Kreditaufnahme, ist dennoch die Netto-Kreditaufnahme auf die Aktivitäten zu verteilen, da davon auszugehen ist, dass mit Hilfe der verkürzten Cash-flow-Rechnung der Finanzbedarf oder -überschuss nur näherungsweise ermittelt werden konnte. Es gilt somit, dass regelmäßig die Netto-Kreditaufnahme im Verhältnis der aktivitätenbezogenen Anteile am Finanzbedarf auf die Segmente zu verteilen ist

$$\text{(z.B. für die Übertragung } \frac{1.300 \text{ T€}}{2.200 \text{ T€}} \times 2.000 = 1.182 \text{ T€).}$$

Beispiel (5)	Summe	Erzeugung	Übertragung	Verteilung	Sonstige Aktivitäten
	T€	T€	T€	T€	T€
Anfangsstand					
Fremdkapital	17.000	7.582	2.545	5.600	1.273
Cash flow[68]					
Jahresüberschuss	15.800	500	2.800	7.000	5.500
Abschreibungen	3.000	600	400	1.500	500
	18.800	1.100	3.200	8.500	6.000
Investitionen	21.000	1.500	4.500	8.200	6.800
Finanzbedarf	2.200	400	1.300	- 300	800
Netto-Kreditaufnahme	2.000	364	1.182	- 273	727
Endstand					
Fremdkapital	19.000	7.946	3.727	5.327	2.000

5.1.4 Zuordnung von Eigen- und Fremdkapital zu den sonstigen Aktivitäten (Brutto-Ausweis)

Dem in Abschn. 5.1.1 angesprochenen Finanzfondskonzept liegt die betriebswirtschaftliche Grundannahme zugrunde, dass Finanzierungsentscheidungen (durch Eigen- und Fremdkapital) nicht aufgrund der Finanzierungssituation einer Aktivität, sondern nur vor dem Hintergrund der Finanzlage des Gesamtunternehmens getroffen werden. Da somit die jeweiligen Finanzierungsmittel und die daraus resultierenden Erträge und Aufwendungen nicht sachgerecht und auch nicht nachvollziehbar den Aktivitäten zugeordnet werden können, empfiehlt das Finanzfondskonzept die Zuordnung dieser Finanzierungsmittel zu den sonstigen Aktivitäten. Wir halten bei diesem Konzept die Aufteilung der Gegenposten auf die internen Beteiligungen und internen Darlehen („intern zugeordnetes Eigenkapital" und „intern zugeordnetes Fremdkapital") für erforderlich (s. Beispiel (6) in Abschn. 5.1.4).

68 Der Cash flow ist korrespondierend zu den Bilanzposten zu definieren; er muss deren Veränderungen (z.B. als Abschreibungen) erfassen.

(1) Erstmalige Zuordnung

Diesem Grundgedanken ist bereits bei der erstmaligen Zuordnung Rechnung zu tragen. Zur Verteilung auf die Aktivitäten ergeben sich gleichzeitig interne Beteiligungen für die Eigenkapitalanteile bzw. interne Darlehen für das Fremdkapital, die in der Summe die Residualgröße bilden; die Summe der internen Beteiligungen und Darlehen ist hierbei gleich der Summe einer Einzelzuordnung.

Mit der Zuordnung von Eigen- und Fremdkapital zu den sonstigen Aktivitäten ergibt sich folgendes Problem: In welchem Verhältnis füllen Eigen- und Fremdkapital die sich nach direkter oder schlüsselmäßiger Zuordnung der Bilanzposten ergebende Residualgröße auf? Betriebswirtschaftlich ableitbar dürfte wohl die Annahme sein, dass ein Fremdkapitalgeber – unter Abstraktion von den Ertragsaussichten – am ehesten bereit ist, dem Unternehmen ein Darlehen zu gewähren, bei dem der zu finanzierende Saldo im Verhältnis zur Bilanzsumme möglichst gering ist. Mit anderen Worten: Der Eigenkapitalgeber muss dann „einspringen“, wenn der zu finanzierende Saldo im Verhältnis zur Bilanzsumme größer wird. Diese Problematik soll an dem folgenden Beispiel (6) verdeutlicht werden (jeweils in T€). Dem liegt folgende handelsrechtliche Bilanz zugrunde:

Beispiel (6)	Handelsrechtliche Bilanz		
Aktiva	1.000	Eigenkapital	200
		Fremdkapital	300
		Sonstige Passiva	500
	1.000		1 000

Daraus ergeben sich die folgenden Aktivitäten-Bilanzen. Die Aktiva und sonstigen Passiva wurden direkt oder schlüsselmäßig zugewiesen; die Auffüllung des zu finanzierenden Saldos (z.B. für die Erzeugung 78 T€ + 102 T€ = 180 T€) durch Eigen- und Fremdkapital wird im Anschluss an die Aktivitäten-Bilanzen abgeleitet.

Beispiel (6) Aktivitäten-Bilanzen

Erzeugung

Aktiva	200	Eigenkapital	78
		Fremdkapital	102
		Sonstige Passiva	20
	200		200

Übertragung

Aktiva	150	Eigenkapital	63
		Fremdkapital	47
		Sonstige Passiva	40
	150		150

Verteilung

Aktiva	350	Eigenkapital	15
		Fremdkapital	45
		Sonstige Passiva	290
	350		350

Sonstige Aktivitäten

Aktiva	300	Eigenkapital	44
		Fremdkapital	106
		Sonstige Passiva	150
	300		300

Beispiel (6) Zuordnungshinweise		Erzeugung	Übertragung	Verteilung	Sonstige Aktivitäten	
$\frac{\sum(EK+FK)}{\text{Bilanzsumme}}$	in T€	$\frac{180}{200}$	$\frac{110}{150}$	$\frac{60}{350}$	$\frac{150}{300}$	
$\frac{\sum(EK+FK)}{\text{Bilanzsumme}}$	(in %)	90,0	+ 73,0	+ 17,0	+ 50,0	= 230
⇒ Zugewiesenes Eigenkapital	in %	39,1	+ 31,7	+ 7,4	+ 21,8	= 100
⇒ Zugewiesenes Eigenkapital in	T€	78	+ 63	+ 15	+ 44	= 200
⇒ Zugewiesenes Fremdkapital in	T€	102	+ 47	+ 45	+ 106	= 300

Das Beispiel zeigt, dass das Eigenkapital im Bereich der Erzeugung mit 78/180 = 43,3 % zur Finanzierung beiträgt, dagegen in der Aktivität Verteilung nur mit 15/60 = 25,0 %. Dieses Verfahren einer gewichteten Ermittlung der Eigen- und Fremdkapitalanteile könnte auch – zumindest hilfsweise – als Plausibilitätsrechnung bei den bereits gezeigten Beispielen Anwendung finden.

(2) Fortschreibung

Die Folgen der unterschiedlichen Behandlung (Ausweis des Eigen- und Fremdkapitals bei den jeweiligen Aktivitäten oder bei den sonstigen Aktivitäten) werden erst bei der Fortschreibung in den Folgejahren deutlich, weil konsequenterweise die zugeordneten internen Beteiligungen (vgl. Beispiel (4)) und internen Darlehen (vgl. Beispiel (5)) über Finanzierungsrechnungen fortzuschreiben wären. Da der Grundsatz der Bilanzidentität (vgl. Abschn. 2.1) nur eingeschränkt gilt, erscheint es auch statthaft, das Eigen- und Fremdkapital zu jedem Stichtag durch die im Beispiel (6) dargestellte Gewichtungsmethode fortzuschreiben.

5.1.5 Eigenkapitalentwicklung

Die zwingende Verknüpfung der Eigenkapitalentwicklung der einzelnen Aktivitäten mit den Jahres-Segmentergebnissen kann im Laufe mehrerer Jahre dahin führen, dass sich die – relative – Ausstattung der einzelnen Aktivitäten mit Eigenkapital stark verschiebt, dass u.U. auch eine Aktivität in eine (Quasi-)"Überschuldung" gerät.

Dies muss nicht dazu führen, das Ziel der Bilanzidentität aufzugeben und etwa das Eigenkapital jeweils zum Bilanzstichtag nach Schlüsselgrößen (etwa mittleren Eigenkapital-Deckungsgraden) neu aufzuteilen. Eine fallweise Kapitalumschichtung zwischen den Aktivitäten ist u.E. hingegen nicht ausgeschlossen. Sie sollte in der Bilanz in einer gesonderten Zeile innerhalb der Eigenkapitaldarstellung sichtbar gemacht werden (etwa als „Eigenkapitalausgleich" zu bezeichnen). Die Gegenposten sollten in den Aktivitäten-GuV-Rechnungen nach dem Jahresergebnis gezeigt werden. Eine nicht erkennbare und nicht abstimmbare Verrechnung – etwa innerhalb des Kapitalverrechnungspostens (s. Abschn. 5.2) – halten wir nicht für vertretbar.

Der Eigenkapitalausgleich darf nicht als eine nur buchhalterische Angelegenheit betrachtet werden. Die Zuständigkeit hierfür (Vorstand/Geschäftsführung, Aufsichtsrat, Eigentümervertretung) ist also zu regeln.

5.2 Kapitalverrechnungsposten

Nur die vollständige segmentbezogene und direkte Buchung sichert systematisch eine doppisch in sich geschlossene Behandlung des Buchungsstoffs und damit auch die differenzenfreie Erstellung von Abschlüssen für die einzelnen Aktivitäten/Tätigkeiten.

Die Zuordnung durch schlüsselmäßige Verteilung von Zahlen des Jahresabschlusses führt zwangsläufig zu Differenzen zwischen den Aktivitäten-Bilanzen und -GuV-Rechnungen, da in diesen Rechnungslegungsinstrumenten differierende Jahresergebnisse ausgewiesen werden. Zum Ausgleich der Differenzen sind aktive oder passive Ausgleichsposten zu bilden (etwa als Kapitalverrechnungsposten zu bezeichnen).

Die Ergebnisse von Aktivitäten-Bilanzen und -GuV-Rechnungen fallen außerdem unvermeidlich auseinander, wenn die Segmentrechnungen nicht fortlaufend gesondert gebucht oder sonst wie konsequent fortgeschrieben werden, was aber in der Praxis mit vertretbarem Aufwand kaum möglich sein wird. Die gewichtigsten Bilanzposten werden zwar über korrespondierende Behandlung der GuV-Posten korrekt fortgeschrieben (z.B. Anlagevermögen), aber nicht bei allen Bilanzposten ist das praktikabel. Differierende Jahresergebnisse und damit das Erfordernis einzufügender Kapitalverrechnungsposten treten auch bei „Arbeitsfehlern" im Sinne einer nicht konsistenten Behandlung von zusammengehörigen Posten auf (ein Beispiel für eine solche nicht konsistente Behandlung wäre es, wenn die Aufgliederung des Sachanlagevermögens anders als die Aufgliederung der zugehörigen Abschreibungen wäre).

Insbesondere gilt dies für die kurzfristigen Bilanzposten, z.B. für die Forderungen und Verbindlichkeiten sowie die flüssigen Mittel. Zu einem gegebenen Bilanzstichtag werden die Bestände nicht durch Fortschreibung der Bestände der Eröffnungsbilanz ermittelt, sondern der Gesamtstichtagssaldo wird neu nach Aktivitäten aufgeteilt. Dieser Stand ist (da er nicht nur durch die Ertrags- bzw. Aufwandposten der GuV-Rechnung beeinflusst wird, sondern auch durch die in der Bilanz zu erfassenden Zahlungsvorgänge) in gewisser Hinsicht zufällig und unabhängig von der Aktivitätenaufteilung etwa der Umsatzerlöse oder der Materialaufwendungen. Der Zahlungsausgleich der Forderungen/Verbindlichkeiten berührt die Geldbestandskonten (Kasse, Bank), die in der Regel nach anderen Kriterien aufgeteilt werden (Schlüsselungen oder Erfassung in den sonstigen Aktivitäten). Im Folgenden zeigen wir ein vereinfachtes Beispiel für das Entstehen von Kapitalverrechnungsposten (mit denselben Aktivitäten wie in den Beispielen (1) bis (6):

Beispiel (7) Die gesamten Geschäftsvorfälle eines Jahres werden durch folgende Buchungssätze abgebildet (in T€):

Übertragung

LuL-Forderungen an Umsatzerlöse	5.000
Materialaufwand an LuL-Verbindlichkeiten	2.200

Verteilung

LuL-Forderungen an Umsatzerlöse	13.000
Materialaufwand an LuL-Verbindlichkeiten	5.500

Sonstige Aktivitäten

LuL-Forderungen an Umsatzerlöse	9.000
Materialaufwand an LuL-Verbindlichkeiten	3.500

Daraus ergibt sich folgende Zwischenbilanz:

LuL-Forderungen	27.000	Jahresüberschuss	15.800
		LuL-Verbindlichkeiten	11.200
	27.000		27.000

Zum 31.12. ergeben sich durch Liquiditätsbewegungen (LuL-Forderungen werden mit 19.000 T€ und LuL-Verbindlichkeiten mit 10.000 T€ beglichen) folgender Jahresabschluss und folgende vorläufige Aktivitäten-Bilanzen:

Beispiel (7) Vorläufige Bilanz	Jahres-Abschluss T€	Erzeugung T€	Über-tragung T€	Verteilung T€	Sonstige Aktivitäten T€
Aktiva					
LuL-Forderungen	8.000	0	1.000	5.000	2.000
Flüssige Mittel	9.000	1.000	1.000	4.000	3.000
	17.000	1.000	2.000	9.000	5.000
Passiva					
Jahresüberschuss	15.800	1.000	1.900	8.100	4.800
LuL-Verbindlichkeiten	1.200	0	100	900	200
	17.000	1.000	2.000	9.000	5.000

Die LuL-Forderungen und -Verbindlichkeiten wurden hierbei direkt zugeordnet. Für die flüssigen Mittel wurde unterstellt, dass eine direkte Zuordnung nicht möglich ist; sie wurden deshalb nach einem beispielhaft unterstellten allgemeinen Schlüssel zugeordnet (hier: Erzeugung/Übertragung/Verteilung/Sonstige Aktivitäten: 1/9, 1/9, 4/9, 3/9). Daraus ergeben sich in den Aktivitäten-Bilanzen folgende (vorläufige) Jahresergebnisse, die durch Kapitalverrechnungsposten an die (richtigen) Jahresergebnisse der Aktivitäten-GuV-Rechnungen anzupassen sind.

Beispiel (7)

Ermittlung von Kapitalverrechnungsposten:

Jahresüberschuss	Summe T€	Erzeugung T€	Übertragung T€	Verteilung T€	Sonstige Aktivitäten T€
lt. GuV-Rechnung nach Aktivitäten	15.800	0	2.800	7.500	5.500
Jahresüberschuss lt. Bilanz nach Aktivitäten	15.800	1.000	1.900	8.100	4.800
Ausgleich durch Kapitalverrechnungsposten	0	– 1.000	+ 900	– 600	+ 700

Die Kapitalverrechnungsposten sind damit als reine Differenzposten anzusehen, die auch nicht fortgeschrieben und weiterentwickelt, sondern jährlich neu ermittelt werden. Durch sie lässt sich erreichen, dass die anteiligen Jahresergebnisse lt. den Aktivitäten-Bilanzen mit denen der Aktivitäten-GuV-Rechnungen übereinstimmen. Sie sollten im Anschluss an das Eigenkapital in die Bilanzen eingestellt werden.

5.3 Interne Darlehen

Eine Führung getrennter Konten „wie bei separaten Firmen" kann es geboten oder doch zweckmäßig erscheinen lassen, auch im Rechnungswesen innerbetriebliche Finanzierungsvorgänge abzubilden. So ist es naheliegend, dass etwa eine gesondert als Unternehmen geführte Aktivität selbst erwirtschaftete und nicht zur Gewinnausschüttung an die Anteilseigner vorgesehene Zahlungsmittelüberschüsse zur Tilgung von Darlehen oder zur Anlage am Kapitalmarkt verwendet. Demgegenüber dürften die Mittel bei einem integrierten Energieversorgungsunternehmen regelmäßig dort eingesetzt werden, wo ein entsprechender Finanzbedarf besteht; objektbezogene Finanzierungen sind eher Ausnahmefälle. Die Gewährung interner Darlehen ist konsequenterweise mit interner Verrechnung von Zinsaufwendungen und korrespondierenden Zinserträgen zwischen den Segmenten verbunden. Als Zinssatz empfiehlt sich vereinfachend die Durchschnittsverzinsung der Fremdmittel (ggf. nach Ausscheidung objektspezifisch zugeordneter Darlehen).

5.4 Auswirkungen bilanzpolitischer Maßnahmen

Bilanzpolitik ist die bewusste und hinsichtlich der Unternehmensziele zweckorientierte Beeinflussung des Jahresabschlusses innerhalb des handels- und steuerrechtlichen Rahmens. Sie wird im Interesse des Gesamtunternehmens betrieben und kann das Bild der Vermögens-, Finanz- und Ertragslage der einzelnen Aktivitäten erheblich beeinflussen. Als bilanzpolitische Maßnahmen seien beispielhaft die Bildung einer § 6b-Rücklage, einer Rücklage für Ersatzbeschaffung oder erhöhte Abschreibungen und steuerliche Sonderabschreibungen genannt.

Das folgende Beispiel soll die Auswirkungen der Bilanzpolitik verdeutlichen:

Beispiel (8) Übertragung eines Veräußerungsgewinns

Veräußert wird ein Grundstück der Wasserversorgung; der Veräußerungserlös übersteigt den Buchwert. Die durch die Veräußerung aufgedeckten stillen Reserven werden nicht versteuert, sondern – zulässigerweise – auf ein neu erworbenes Grundstück der Stromversorgung übertragen.

Buchungen:

	T€				T€
Flüssige Mittel	1.000	an	Sachanlagen	(= Sonstige Aktivitäten)	700
		an	Sonstige betriebliche Erträge	(= Sonstige Aktivitäten)	300
Abschreibungen	300	an	Sachanlagen	(= Stromverteilung)	300

Insgesamt handelt es sich um einen erfolgsneutralen Vorgang, der jedoch einen Ertrag in den sonstigen Aktivitäten und einen Aufwand bei der Stromverteilung umfasst.

Denkbar ist im Rahmen der segmentbezogenen Bilanzierung jedoch auch eine Trennung des Veräußerungs- und des Übertragungsvorgangs. Dann entsteht – unverändert – der Veräußerungsgewinn in der Wasserversorgung, d.h. bei den sonstigen Aktivitäten. Die Übertragung des Veräußerungserlöses wird dagegen als bilanzpolitische Maßnahme angesehen und der damit verbundene Aufwand der veranlassenden Aktivität oder mit einem geeigneten Schlüssel allen Aktivitäten zugerechnet. Da den Abschreibungen in einzelnen Aktivitäten aber keine abschreibbaren Sachanlagen gegenüberstehen, können auch bei solchen unternehmens-gesamtpolitisch veranlassten Maßnahmen die Abschreibungen nur in den mit dem Anlagevermögen korrespondierenden Aktivitäten erfasst werden. Der angestrebte Ausgleich zwischen den Aktivitäten müsste über interne Gutschriften und Belastungen (d.h. über Erträge und Aufwendungen) erreicht werden. Es empfiehlt sich ein Hinweis auf die Verfahrensweise im Anhang.

Ein Ausgleich von bilanzpolitischen Maßnahmen zwischen den Aktivitäten ist nach unserer Auffassung nicht erforderlich, er ist aber auch nicht auszuschließen. Zu empfehlen ist es, auf Ausgleichsmaßnahmen zwischen den Aktivitäten zu verzichten und statt dessen Erläuterungen im Anhang zu bringen.

5.5 Verteilung der Ertragsteuern

Eine genaue Berechnung der Ertragsteuern (Körperschaftsteuer und Gewerbesteuer) für die einzelnen Aktivitäten kann mit einem erheblichen Arbeitsaufwand verbunden sein, da hierzu die zu versteuernden Einkommen im Detail zu bestimmen wären[69]. Deshalb dürfte es ausreichend sein, die Ertragsteuern des Unternehmens den einzelnen Aktivitäten proportional zu ihren Ergebnisanteilen zuzurechnen. Bei negativen Aktivitätenergebnissen mag auch an Steuergutschriften von Gewinnaktivitäten an Verlustaktivitäten gedacht werden. Solche – z.T. fiktiven – Steuerverrechnungen, die den Gewinnaktivitäten einen höheren Steueraufwand zuordnen als er im Unternehmen insgesamt entstanden ist, liegen u.E. jedoch nicht im Sinne einer handelsrechtlichen Rechnungslegung, die auf der Darstellung tatsächlicher Verhältnisse beruht. Betriebswirtschaftlich mag man aber – gerade unter dem Aspekt einer angenommenen Selbstständigkeit der einzelnen Aktivitäten – gute Gründe für eine solche Behandlung der Ertragsteuern sehen, auch kalkulatorisch im Hinblick auf die Preisbildung (Berücksichtigung der Gewerbesteuer). In der Literatur ist dies für die ver-

[69] Dadurch, dass das Anrechnungsverfahren und der gespaltene Körperschaftsteuersatz aufgegeben wurden, haben sich insoweit allerdings die praktischen und methodischen Schwierigkeiten verringert.

gleichbare Problematik von Steuerumlagen im Konzern als vertretbar angesehen worden[70].

[70] Franz Jürgen Marx, Rechtfertigung, Bemessung und Abbildung von Steuerumlagen, in: DB 1996 S. 950.

6 Anhangangaben

6.1 Allgemeines

Elektrizitätsversorgungsunternehmen haben die Aktivitäten-Bilanzen und -GuV-Rechnungen in den Anhang aufzunehmen (§ 9 Abs. 2 S. 2 EnWG), die Zuordnungsregeln anzugeben und ggf. Änderungen dieser Regeln zu erläutern und zu begründen (§ 9 Abs. 3 EnWG) sowie „Geschäfte größeren Umfangs mit verbundenen und assoziierten Unternehmen sowie mit Unternehmen derselben Anteilseigner" gesondert darzustellen (§ 9 Abs. 4 EnWG). Gestaltung und Standard dieser Informationen sind nicht geregelt. Da nach allgemeiner Auffassung für die Aktivitäten-Bilanz und -GuV-Rechnung keine selbstständigen Ausweis- und Bewertungsregeln gelten, sollten die Aktivitätenabschlüsse nach den Erläuterungen zum HGB-Gesamtabschluss und vor den allgemein üblichen „ergänzenden Angaben" dargestellt werden; die üblicherweise – etwa als „Angaben (oder: Aktivitätenabschlüsse) nach § 9 EnWG" bezeichnet – in den „ergänzenden Angaben" behandelten Einzelpunkte umfassen eine Vielzahl unterschiedlicher Informationen, so dass ein Ausweis der „Angaben nach § 9 EnWG" innerhalb der ergänzenden Angaben zwar möglich, aber wohl unzweckmäßig wäre. Innerhalb dieses Abschnittes wären zunächst die Aktivitätenabschlüsse, danach die Zuordnungsregeln und schließlich die „Geschäfte größeren Umfangs ..." darzustellen.

Für Erdgasunternehmen wird auf der Grundlage der Erdgasbinnenmarkt-Richtlinie durch § 9a EnWG die Aufnahme der Aktivitäten-Bilanzen und -GuV-Rechnungen in den Anhang nicht gefordert; der Unternehmenszweig Gasversorgung ist also aus der Sicht des § 9 EnWG ein Teil der sonstigen Aktivitäten des Unternehmens und diesen vollständig zuzuordnen. Hinsichtlich der Angaben über bestimmte Geschäfte s. Abschn. 6.4.

6.2 Darstellung der Aktivitäten-Bilanzen und -GuV-Rechnungen

Einleitend sollte kurz auf die Definition der Aktivitäten/Tätigkeiten hingewiesen werden, nach denen segmentiert wird. Falls nach dem Grundsatz der Wesentlichkeit eine gesonderte Darstellung unterbleibt (etwa bei unwesentlicher Erzeugung) sollte auch dies angegeben werden; dabei empfiehlt sich ein Hinweis darauf, wo die fraglichen Beträge zugeordnet sind.

Die Notwendigkeit, die Abschlüsse der verschiedenen Aktivitäten zu zeigen, legt für die Form der Darstellung den Gedanken an ein Mehr-Spalten-Schema nahe. Diese Form wird man wählen, solange die Zahl der Spalten überschaubar bleibt; sonst wird man die gesonderte Präsentation der Aktivitätenabschlüsse wählen. Eine „Entkonsolidierungsspalte" für Verrechnungsvorgänge (innerbetriebliche Leistungsverrechnung, etwaige Umgliederungen) ist aus Kontrollgründen zweckmäßig, wird aber für die Darstellung im Anhang nicht gefordert. Eine Summenspalte ist nicht erforderlich, aber zweckmäßig. Soweit ein Querverbundunternehmen auch Tätigkeiten ausübt, die unter die Erdgasbinnenmarkt-Richtlinie fallen, können diese im Anhang den sonstigen Aktivitäten zugeordnet, dürfen aber auch gesondert dargestellt werden.

Die Darstellung könnte – hier für die Aktivseite – wie folgt aussehen (Spalten für weitere Aktivitäten sind nach Bedarf einzufügen):

AKTIVSEITE

Aktivität / **Bilanzposten**	Elektrizitäts-verteilung		Sonstige Aktivitäten		Gesamt	
	Stand 31.12.t €	Stand 31.12.t-1 €	Stand 31.12.t €	Stand 31.12.t-1 €	Stand 31.12.t €	Stand 31.12.t-1 €
A. Anlagevermögen						
...						
...						

Eine weitere Untergliederung wird sich insbesondere dann ergeben, wenn innerhalb der Elektrizitätssparte auch eine Erzeugung oder/und eine Übertragung ausgewiesen wird und wenn – bei Begrenzung der Verteilung auf den reinen Netzbetrieb – weitere Aktivitäten innerhalb der Elektrizitätsversorgung gezeigt werden[71]; in diesen Fällen sollten die sonstigen Aktivitäten außerhalb der Elektrizitätsversorgung als solche bezeichnet werden. Die sonstigen Aktivitäten innerhalb der Elektrizitätsversorgung müssen allerdings nicht im Anhang dargestellt werden[72]; die Queradditionen führen dann also nicht zu den Gesamtzahlen des Unternehmens; ein Hinweis auf diesen Sachverhalt empfiehlt sich.

Das Erfordernis, je nach Sachverhalt weitere Aktivitäten darzustellen, ferner auch Vorspalten innerhalb einzelner Aktivitäten, kann u.U. die horizontale Anordnung unpraktikabel werden lassen. Gegen eine je gesonderte Darstellung einzelner Aktivitäten bestehen selbstverständlich keine Bedenken.

Die Aktivitätenabschlüsse sind wie der Gesamtabschluss zu gliedern, soweit sich nicht sachlich begründete Abweichungen ergeben und soweit nicht der Grundsatz der Wesentlichkeit und die Größe des Segments Abweichungen (Zusammenfassungen) zulassen. Angaben in gerundeten Zahlen sind in den Segmentabschlüssen in gleicher Weise wie im Gesamtabschluss zulässig.

Die Angabe von Vorjahreszahlen ist nach einhelliger Meinung im Erstjahr der Segmentberichterstattung nicht erforderlich, freiwillig aber zulässig. In den Folgejahren dürfte die Angabe von Vorjahreszahlen sinnvoll sein, zweckmäßig wie im Gesamtabschluss in einer gesonderten Spalte; im Übrigen s. Abschn. 2.1.

6.3 Angaben über die Zuordnungsregeln

Nach § 9 Abs. 3 EnWG bzw. nach den Vorgaben der Richtlinien sind die Regeln anzugeben, nach denen die Gegenstände des Aktiv- und Passivvermögens sowie die ausgewiesenen Aufwendungen und Erträge zugewiesen wurden; Änderungen dieser Regeln in Ausnahmefällen sind zu erläutern und zu begründen. Es dürfte wohl ausreichen, dass auf die (möglichst weitgehende) direkte Zuordnung und die Anwendung vertretbarer Schlüssel mit den Schlüsselgrundlagen hingewiesen wird (u.U. mit Einzelhinweisen zu wesentlichen Posten/Postengruppen), ohne dass Quantifizierun-

---

[71] Das IDW akzeptiert es, dass der Strombezug und -vertrieb „nach der sog. Verbändelösung“ behandelt, also nicht gesondert gezeigt wird, ohne dass sich daraus Konsequenzen für den Bestätigungsvermerk ergeben, verlangt allerdings eine entsprechende Erläuterung im Anhang (s. Abschn. 7.4).

[72] IDW ERS ÖFA 2, Tz 14 und 15.

gen geboten sind[73]; auch bei der Erläuterung und Begründung von Änderungen dieser Regeln dürften quantifizierende Angaben zu den Auswirkungen der Änderungen nicht zwingend sein. Neben diesen vorgeschriebenen Angaben dürften allerdings weitere Angaben zu einer etwaigen Entkonsolidierung wie auch zu vorgenommenen Umgliederungen angebracht sein. Es wird sich empfehlen, die verwendeten Schlüssel in der Weise anzugeben, dass sie aufgezählt werden und auf ihre verursachungsgerechte Anwendung hingewiesen wird; dadurch wird eine gewisse Detaillierung und Erläuterung erreicht, ohne umständliche und zu weitgehende Ausführungen machen zu müssen. Sofern differenzierte Schlüssel, z.B. nach Aktivitäten, verwendet werden, sollte auf diese genauere Schlüsselung hingewiesen werden.

Da die Änderung von Zuordnungsregeln – wie grundsätzlich auch die Änderung von Bilanzierungsregeln – anzugeben ist, sei der Vollständigkeit halber darauf hingewiesen, dass die jährliche zahlenmäßige Anpassung der Schlüssel an die sich ändernden Verhältnisse ohne Änderung der Schlüsselgrundlagen nicht unter die Angabeverpflichtung fällt.

Die entsprechende Textpassage könnte wie folgt lauten:

„Die Posteninhalte der Bilanz sowie der Gewinn- und Verlustrechnung wurden, soweit dies mit vertretbarem Aufwand möglich war, den Aktivitätenabschlussposten direkt zugeordnet und im Übrigen geschlüsselt. Soweit aufgrund bereichsübergreifender Schlüssel keine einheitliche Schlüsselbasis zur Verfügung stand, wurde vorab im Schätzwege nach dem Äquivalenzziffernverfahren zugeteilt. Miteinander korrespondierende Posteninhalte der Bilanz und der Gewinn- und Verlustrechnung wurden den Aktivitäten unter Berücksichtigung dieser Zusammenhänge zugeordnet. Geschlüsselt wurde verursachungsgerecht unter Verwendung folgender Schlüsselgrundlagen: Anschaffungs- und Herstellungskosten, Buchrestwerte, Personalschlüssel nach Mitarbeitern und Aufwand, Verwaltungsschlüssel nach Zählern und Leitungsnetzlängen."

---

73 S. auch IDW ERS ÖFA 2, Tz. 50. Hiernach kann allerdings eine quantifizierte Erläuterung dann erforderlich sein, „wenn sich selbst bei unverändertem Schlüssel gegenüber dem Vorjahr erhebliche Verschiebungen des Anteils einer Aktivität ergeben".

6.4 Angaben über bestimmte Geschäfte

Weitere Angabeverpflichtungen gem. § 9 Abs. 4 EnWG beziehen sich auf Geschäfte größeren Umfangs, die mit verbundenen oder assoziierten Unternehmen oder Unternehmen derselben Aktionäre getätigt worden sind; die Art der Angabe ist als „gesonderte Darstellung" charakterisiert. Die Elektrizitätsbinnenmarkt-Richtlinie verweist zu den Begriffen der verbundenen und assoziierten Unternehmen auf die Regelungen der Siebenten Gesellschaftsrechtlichen EG-Richtlinie; national entsprechen dem § 271 Abs. 2 i.V. mit § 290 sowie § 311 Abs. 1 HGB. Nach dem Protokoll einer Sitzung der „Follow-up-Gruppe" zur Elektrizitätsbinnenmarkt-Richtlinie vom 30./31.10.97 ist „Unternehmen derselben Aktionäre" dahingehend zu verstehen, dass die Aktionäre zumindest über eine wesentliche oder maßgebliche Beteiligung verfügen; Anteile unter 20 % fallen mit Sicherheit nicht unter diese Begriffsbestimmung. Das IDW nennt den Mehrheitsbesitz (§ 16 AktG) oder die Abhängigkeit (§ 17 AktG) als Kriterien[74]; diese Kriterien sollten gleicherweise für die Beteiligung an dem bilanzierenden Elektrizitätsversorgungsunternehmen als auch für die Beteiligung an dem fraglichen Drittunternehmen gelten. „Aktionäre" ist im Sinne von „Eigentümer" zu verstehen (so auch das erwähnte Sitzungsprotokoll der „Follow-up-Gruppe").

Erdgasunternehmen müssen lediglich solche Geschäfte größeren Umfangs im Anhang gesondert aufführen, die mit verbundenen oder assoziierten Unternehmen getätigt worden sind (§ 9a Abs. 4 EnWG; Art. 13 Abs. 5 der Erdgasbinnenmarkt-Richtlinie erwähnt nur verbundene Unternehmen, womit allerdings nach der Regierungsbegründung zu § 9a Abs. 4 EnWG auch die assoziierten Unternehmen gemeint sind).

Bei den aufzuführenden Geschäften größeren Umfangs sind ausschließlich die Unternehmen zu nennen, mit denen tatsächlich Geschäfte getätigt wurden.

Ob die „gesonderte Darstellung" nur für die Art der Geschäfte gilt oder ob hieraus auch eine Verpflichtung zur Kennzeichnung der Größenordnung solcher Geschäfte

---

[74] IDW ERS ÖFA 2, Tz 53

hergeleitet werden muss, ist dem Text nicht eindeutig zu entnehmen[75]. Das IDW spricht sich für eine Quantifizierung aus, indem es die Angabe von Leistung und Gegenleistung fordert, ggf. zusammengefasst für gleichartige Geschäfte, wenn hierdurch der Aussagegehalt nicht beeinträchtigt wird[76]. Was unter „Geschäft" zu verstehen ist, mag mit Hilfe des „Rechtsgeschäfts" gem. § 312 AktG geklärt werden können; allerdings bedeutet diese Bezugnahme auf § 312 AktG im Sinne einer Definitionshilfe keinesfalls, dass etwa Angabe- und Erläuterungspflichten denen des Abhängigkeitsberichtes anzunähern sind (gesetzestechnisch gibt es keine Verklammerung mit § 312 AktG). Geschäfte können auch dann angabepflichtig sein, wenn sie Aktivitäten außerhalb des Elektrizitäts- oder Gasbereichs betreffen[77] (abweichend Vorauflage).

Was unter „größerem Umfang" (wesentlich) zu verstehen ist, lassen Richtliniengeber und Gesetzgeber offen. Es ist schwierig, dies allgemeingültig quantitativ abzugrenzen; 20 bis 25 % der jeweiligen Bezugsgröße können ein vertretbarer Schwellenwert sein. Darüber hinaus können im Einzelfall ergänzende absolute Wertgrenzen sinnvoll sein. Als Interpretationshilfe mag auch auf das Richtlinienziel der Vermeidung von Diskriminierungen, Quersubventionen und Wettbewerbsverzerrungen abzustellen sein[78], auch wenn der Gesetzeswortlaut dies nicht aufgreift.

Die Möglichkeit der Zusammenfassung des Anhangs eines Einzelunternehmens und eines Konzernanhangs bleibt durch das EnWG unberührt.

---

75 So auch Lurweg, Ohde, a.a.O., S. 20.
76 IDW ERS ÖFA 2, Tz 53.
77 IDW ERS ÖFA 2, Tz 55.
78 So auch IDW ERS ÖFA 2, Tz 53.

7 Ausblick

7.1 Varianten der Entflechtung

Am 26. Juni 2003 erließ das Europäische Parlament die „Richtlinie 2003/54/EG des Europäischen Parlaments und des Rates über gemeinsame Vorschriften für den Elektrizitätsbinnenmarkt und zur Aufhebung der Richtlinie 96/92/EG" und die „Richtlinie 2003/55/EG des Europäischen Parlaments und des Rates über gemeinsame Vorschriften für den Erdgasbinnenmarkt und zur Aufhebung der Richtlinie 96/30/EG". Diese Richtlinien treten am zwanzigsten Tag nach ihrer Veröffentlichung im Amtsblatt der Europäischen Union in Kraft. Die Mitgliedstaaten haben die Rechts- und Verwaltungsvorschriften in Kraft zu setzen, die erforderlich sind, um diesen Richtlinie spätestens am 1. Juli 2004 nachzukommen. Die derzeit geltenden und die Grundlage der §§ 9 und 9a EnWG bildenden Richtlinien werden mit Wirkung zum 1. Juli 2004 aufgehoben.

Damit werden noch intensiver als bisher auch andere Varianten der Entflechtung diskutiert werden. Die Segmentierung von Rechnungswesen und Rechnungslegung nach Aktivitäten wird als rechnerische Entflechtung („buchhalterisches unbundling") bezeichnet. Andere und weitergehende Varianten der Entflechtung sind[79]:

- die organisatorische Entflechtung („management unbundling"). Hierbei handelt es sich um die organisatorische Trennung von Teilbereichen, so als handele es sich bei ihnen um eigenständige Unternehmen. Die organisatorische Entflechtung sieht die Trennung der Entscheidungsgewalt vor. Auch diese Form der Entflechtung wurde mit § 4 Abs. 4 (das Übertragungsnetz ist getrennt von der Erzeugung und Verteilung als eigene Betriebsabteilung zu führen) und § 7 Abs. 4 EnWG (die Tätigkeiten des Alleinabnehmerbereichs sind getrennt von den Erzeugungs- und Verteilungstätigkeiten zu verwalten) bereits in deutsches Recht eingeführt (s. Abschn. 1.4 in dieser Schrift). In der Richtlinie 2003/54/EG ist diese Form der Entflechtung in Art. 15 Abs. 2 und in der Richtlinie 2003/55/EG in Art. 13 Abs. 2 geregelt.

---

79 S. hierzu: VKU Verband kommunaler Unternehmen e.V., Unbundling im Elektrizitätsbinnenmarkt – Realitäten, politische Überlegungen und Konsequenzen, Anlage zum VKU-Nachrichtendienst Folge 644 August 2002.

- die informatorische Entflechtung verpflichtet den Verteilernetzbetreiber zur Wahrung der Vertraulichkeit wirtschaftlich sensibler Informationen, von denen er bei der Ausübung seiner Geschäftstätigkeit Kenntnis erlangt, und verhindert, dass Informationen über seine eigenen Tätigkeiten, die wirtschaftliche Vorteile bringen können, in diskriminierender Weise offengelegt werden; sie ist in den Richtlinien in Art. 16 bzw. 14 geregelt.
- die gesellschaftsrechtliche Entflechtung („legal unbundling"). Sie steht für die gesellschaftsrechtliche Aufgliederung integrierter Energieversorgungsunternehmen in unabhängige, gesonderte Organisationseinheiten, die auch gesellschaftsrechtlich gesonderte Gesellschaften (z.B. AG oder GmbH) für die Geschäftsbereiche bilden müssen. Diese Art der Entflechtung ergänzt die organisatorische Entflechtung also um die rechtliche Trennung der Organisationseinheiten. Sie ist in den Richtlinien in Art. 15 Abs. 1 bzw. 13 Abs. 1 für Verteilernetzbetreiber und in Art. 10 für Übertragungsnetzbetreiber bzw. Art. 9 für Fernleitungsnetzbetreiber geregelt.
- die eigentumsrechtliche Entflechtung (auch „ownership unbundling"). Diese Form der Entflechtung lässt nicht mehr zu, dass die verschiedenen Gesellschaften für die Geschäftsbereiche die selben Eigentümer haben; hier muss es eine strikte Trennung der Bereiche in Teilgesellschaften mit verschiedenen Eigentümern geben. Das Europäische Parlament hatte sich zunächst für eine eigentumsrechtliche Entflechtung ausgesprochen; sie ist als idealtypische Vorstellung in den Richtlinientexten immer noch erkennbar.

7.2 Rechtfertigung der gestiegenen Anforderungen an die Entflechtung

In den Erwägungsgründen 5 bis 8 für den Strombereich bzw. 6 bis 10 für den Gasbereich wird u.a. festgestellt, dass die Haupthindernisse für einen voll funktions- und wettbewerbsfähigen Binnenmarkt unter anderem mit dem Netzzugang, dem Zugang zu Speicheranlagen, der Tarifierung, der Interoperabilität zwischen Systemen und einer unterschiedlichen Marktöffnung in den verschiedenen Mitgliedstaaten zusammenhängen würden. Ein funktionierender Wettbewerb setze voraus, dass der Netzzugang nicht diskriminierend, transparent und zu angemessenen Preisen gewährleistet ist. Zur Vollendung des Binnenmarkts sei ein nicht diskriminierender Zugang zum Netz des Übertragungs- bzw. Fernleitungs- und Verteilernetzbetreibers von größter

Bedeutung. Im Falle eines Unternehmens, das im Übertragungsbereich- oder Verteilungsbereich tätig ist und hinsichtlich seiner Rechtsform von den Unternehmen getrennt ist, die Erzeugungs- und/oder Liefertätigkeiten ausüben, kann der Netzbetreiber dasselbe Unternehmen sein, das auch Eigentümer der Infrastruktur ist. Im Falle eines Erdgasunternehmens, das im Fernleitungs-, Verteiler-, Speicherungs- oder Flüssig-Erdgas-(LNG)-Bereich tätig ist und hinsichtlich seiner Rechtsform von den Unternehmen getrennt ist, die Gewinnungs- und/oder Liefertätigkeiten ausüben, kann es sich bei dem benannten Netzbetreiber um dasselbe Unternehmen handeln, das auch Eigentümer der Infrastruktur ist. Um einen effizienten und nichtdiskriminierenden Netzzugang zu gewährleisten, ist es angezeigt, dass die Übertragungs- bzw. Fernleitungs- und Verteilernetze durch unterschiedliche Rechtspersonen betrieben werden, wenn vertikal integrierte Unternehmen bestehen.

7.2.1 Gesellschaftsrechtliche und organisatorische Entflechtung

Die **gesellschaftsrechtliche und organisatorische Entflechtung** wird im Strombereich für den Übertragungsnetzbetreiber in Art. 10 und für den Verteilernetzbetreiber in Art. 15 und im Gasbereich für den Fernleitungsnetzbetreiber in Art. 9 und für den Verteilernetzbetreiber in Art. 13 geregelt. Hierbei bestimmt jeweils der erste Absatz die gesellschaftsrechtliche Entflechtung und der zweite Absatz die organisatorische Entflechtung. Wir geben hier eine synoptische Übersicht dieser Vorschriften:

Art. 10 der Elektrizitätsbinnenmarkt-Richtlinie 2003/54/EG	**Art. 9 der Erdgasbinnenmarkt-Richtlinie 2003/55/EG**
„(1) Gehört der Übertragungsnetzbetreiber zu einem vertikal integrierten Unternehmen, so muss er zumindest hinsichtlich seiner Rechtsform, Organisation und Entscheidungsgewalt unabhängig von den übrigen Tätigkeitsbereichen sein, die nicht mit der Übertragung zusammenhängen. Diese Bestimmungen begründen keine Verpflichtung, eine Trennung in Bezug auf das Eigentum des vertikal integrierten Unternehmens an Vermögenswerten des Übertragungsnetzes vorzunehmen.	„(1) Gehört der Fernleitungsnetzbetreiber zu einem vertikal integrierten Unternehmen, so muss er zumindest hinsichtlich seiner Rechtsform, Organisation und Entscheidungsgewalt unabhängig von den übrigen Tätigkeitsbereichen sein, die nicht mit der Fernleitung zusammenhängen. Diese Bestimmungen begründen keine Verpflichtung, eine Trennung in Bezug auf das Eigentum des vertikal integrierten Unternehmens an Vermögenswerten des Fernleitungsnetzes vorzunehmen.
(2) Um die Unabhängigkeit eines Übertragungsnetzbetreibers gemäß Absatz 1 sicherzustellen, sind die folgenden Mindestkriterien anzuwenden:	(2) Um die Unabhängigkeit des Fernleitungsnetzbetreibers gemäß Absatz 1 sicherzustellen, sind die folgenden Mindestkriterien anzuwenden:

a)	In einem integrierten Elektrizitätsunternehmen dürfen die für die Leitung des Übertragungsnetzbetreibers zuständigen Personen nicht betrieblichen Einrichtungen des integrierten Elektrizitätsunternehmens angehören, die direkt oder indirekt für den laufenden Betrieb in den Bereichen Elektrizitätserzeugung, -verteilung und -versorgung zuständig sind;	a)	In einem integrierten Erdgasunternehmen dürfen die für die Leitung des Fernleitungsnetzbetreibers zuständigen Personen nicht betrieblichen Einrichtungen des Erdgasunternehmens angehören, die direkt oder indirekt für den laufenden Betrieb in den Bereichen Erdgasgewinnung, -verteilung und -versorgung zuständig sind;
b)	es sind geeignete Maßnahmen zu treffen, damit die berufsbedingten Interessen der für die Leitung des Übertragungsnetzbetreibers zuständigen Personen so berücksichtigt werden, dass ihre Handlungsunabhängigkeit gewährleistet ist;	b)	es sind geeignete Maßnahmen zu treffen, damit die berufsbedingten Interessen der für die Leitung des Fernleitungsnetzbetreibers zuständigen Personen so berücksichtigt werden, dass ihre Handlungsunabhängigkeit gewährleistet ist;
c)	der Übertragungsnetzbetreiber hat in Bezug auf Vermögenswerte, die für den Betrieb, die Wartung oder den Ausbau des Netzes erforderlich sind, tatsächliche Entscheidungsbefugnisse, die er unabhängig von dem integrierten Elektrizitätsunternehmen ausübt. Dies sollte geeigneten Koordinierungsmechanismen nicht entgegenstehen, mit denen sichergestellt wird, dass die wirtschaftlichen Befugnisse des Mutterunternehmens und seine Aufsichtsrechte über das Management im Hinblick auf die - gemäß Artikel 23 Absatz 2 indirekt geregelte - Rentabilität eines Tochterunternehmens geschützt werden. Dies ermöglicht es dem Mutterunternehmen insbesondere, den jährlichen Finanzplan oder ein gleichwertiges Instrument des Übertragungsnetzbetreibers zu genehmigen und generelle Grenzen für die Verschuldung seines Tochterunternehmens festzulegen. Dies erlaubt es dem Mutterunternehmen nicht, Weisungen bezüglich des laufenden Betriebs oder einzelner Entscheidungen über den Bau oder die Modernisierung von Übertragungsleitungen zu erteilen, die über den Rahmen des genehmigten Finanzplans oder eines gleichwertigen Instruments nicht hinausgehen;	c)	der Fernleitungsnetzbetreiber hat in Bezug auf Vermögenswerte, die für den Betrieb, die Wartung oder den Ausbau des Netzes erforderlich sind, tatsächliche Entscheidungsbefugnisse, die er unabhängig von dem integrierten Gasunternehmen ausübt. Dies sollte geeigneten Koordinierungsmechanismen nicht entgegenstehen, mit denen sichergestellt wird, dass die wirtschaftlichen Befugnisse des Mutterunternehmens und seine Aufsichtsrechte über das Management im Hinblick auf die – gemäß Artikel 25 Absatz 2 indirekt geregelte – Rentabilität eines Tochterunternehmens geschützt werden. Dies ermöglicht es dem Mutterunternehmen insbesondere, den jährlichen Finanzplan oder ein gleichwertiges Instrument des Fernleitungsnetzbetreibers zu genehmigen und generelle Grenzen für die Verschuldung seines Tochterunternehmens festzulegen. Dies erlaubt es dem Mutterunternehmen nicht, Weisungen bezüglich des laufenden Betriebs oder einzelne Entscheidungen über den Bau oder die Modernisierung von Fernleitungen zu erteilen, die über den Rahmen des genehmigten Finanzplans oder eines gleichwertigen Instruments nicht hinausgehen;
d)	der Übertragungsnetzbetreiber stellt ein Gleichbehandlungsprogramm auf, aus dem hervorgeht, welche Maßnahmen zum Ausschluss diskriminierenden Verhaltens getroffen werden, und gewährleistet die ausreichende Überwachung der Einhaltung dieses Programms. In dem Programm ist festgelegt, welche besonderen Pflichten die Mitarbeiter im Hinblick auf die Erreichung dieses Ziels haben. Die für die Überwachung des Gleichbehandlungsprogramms zuständige Person oder	d)	der Fernleitungsnetzbetreiber stellt ein Gleichbehandlungsprogramm auf, aus dem hervorgeht, welche Maßnahmen zum Ausschluss diskriminierenden Verhaltens getroffen werden, und gewährleistet die ausreichende Überwachung der Einhaltung dieses Programms. In dem Programm ist festgelegt, welche besonderen Pflichten die Mitarbeiter im Hinblick auf dieses Ziel haben. Die für die Überwachung des Gleichbehandlungsprogramms zuständige Person oder Stelle legt der in

Stelle legt der in Artikel 23 Absatz 1 genannten Regulierungsbehörde jährlich einen Bericht über die getroffenen Maßnahmen vor, der veröffentlicht wird.“	Artikel 25 Absatz 1 genannten Regulierungsbehörde jährlich einen Bericht über die getroffenen Maßnahmen vor, der veröffentlicht wird.“

Art. 15 der Elektrizitätsbinnenmarkt-Richtlinie 2003/54/EG	**Art. 13 der Erdgasbinnenmarkt-Richtlinie 2003/55/EG**
„(1) Gehört der Verteilernetzbetreiber zu einem vertikal integrierten Unternehmen, so muss er zumindest hinsichtlich seiner Rechtsform, Organisation und Entscheidungsgewalt unabhängig von den übrigen Tätigkeitsbereichen sein, die nicht mit der Verteilung zusammenhängen. Diese Bestimmungen begründen keine Verpflichtung, eine Trennung in Bezug auf das Eigentum des vertikal integrierten Unternehmens an Vermögenswerten des Verteilernetzes vorzunehmen.	„(1) Gehört der Verteilernetzbetreiber zu einem vertikal integrierten Unternehmen, so muss er zumindest hinsichtlich seiner Rechtsform, Organisation und Entscheidungsgewalt unabhängig von den übrigen Tätigkeitsbereichen sein, die nicht mit der Verteilung zusammenhängen. Diese Bestimmungen begründen keine Verpflichtung, eine Trennung in Bezug auf das Eigentum des vertikal integrierten Unternehmens an Vermögenswerten des Verteilernetzes vorzunehmen.
(2) Gehört der Verteilernetzbetreiber zu einem vertikal integrierten Unternehmen, so muss er zusätzlich zu den Anforderungen des Absatzes 1 hinsichtlich seiner Organisation und Entscheidungsgewalt unabhängig von den übrigen Tätigkeitsbereichen sein, die nicht mit der Verteilung zusammenhängen. Um dies zu erreichen, sind die folgenden Mindestkriterien anzuwenden:	(2) Gehört der Verteilernetzbetreiber zu einem vertikal integrierten Unternehmen, so muss er zusätzlich zu den Anforderungen des Absatzes 1 hinsichtlich seiner Organisation und Entscheidungsgewalt unabhängig von den übrigen Tätigkeitsbereichen sein, die nicht mit der Verteilung zusammenhängen. Um dies zu erreichen, sind die folgenden Mindestkriterien anzuwenden:
a) In einem integrierten Elektrizitätsunternehmen dürfen die für die Leitung des Verteilernetzbetreibers zuständigen Personen nicht betrieblichen Einrichtungen des integrierten Elektrizitätsunternehmens angehören, die direkt oder indirekt für den laufenden Betrieb in den Bereichen Elektrizitätserzeugung, -übertragung und -versorgung zuständig sind;	a) In einem integrierten Erdgasunternehmen dürfen die für die Leitung des Verteilernetzbetreibers zuständigen Personen nicht betrieblichen Einrichtungen des Erdgasunternehmens angehören, die direkt oder indirekt für den laufenden Betrieb in den Bereichen Erdgasgewinnung, -fernleitung und -versorgung zuständig sind;
b) es sind geeignete Maßnahmen zu treffen, damit die berufsbedingten Interessen der für die Leitung des Verteilernetzbetreibers zuständigen Personen so berücksichtigt werden, dass ihre Handlungsunabhängigkeit gewährleistet ist;	b) es sind geeignete Maßnahmen zu treffen, damit die berufsbedingten Interessen der für die Leitung des Verteilernetzbetreibers zuständigen Personen so berücksichtigt werden, dass ihre Handlungsunabhängigkeit gewährleistet ist;
c) der Verteilernetzbetreiber hat in Bezug auf Vermögenswerte, die für den Betrieb, die Wartung oder den Ausbau des Netzes erforderlich sind, tatsächliche Entscheidungsbefugnisse, die er unabhängig von dem integrierten Elektrizitätsunternehmen ausübt. Dies sollte geeigneten Koordinierungsmechanismen nicht entgegenstehen, mit denen sichergestellt wird, dass die wirtschaftlichen Befugnisse des Mut-	c) der Verteilernetzbetreiber hat in Bezug auf Vermögenswerte, die für den Betrieb, die Wartung oder den Ausbau des Netzes erforderlich sind, tatsächliche Entscheidungsbefugnisse, die er unabhängig von dem integrierten Gasunternehmen ausübt. Dies sollte geeigneten Koordinierungsmechanismen nicht entgegenstehen, mit denen sichergestellt wird, dass die wirtschaftlichen Befugnisse des Mut-

terunternehmens und seine Aufsichtsrechte über das Management im Hinblick auf die - gemäß Artikel 23 Absatz 2 indirekt geregelte - Rentabilität eines Tochterunternehmens geschützt werden. Dies ermöglicht es dem Mutterunternehmen insbesondere, den jährlichen Finanzplan oder ein gleichwertiges Instrument des Verteilernetzbetreibers zu genehmigen und generelle Grenzen für die Verschuldung seines Tochterunternehmens festzulegen. Dies erlaubt es dem Mutterunternehmen nicht, Weisungen bezüglich des laufenden Betriebs oder einzelner Entscheidungen über den Bau oder die Modernisierung von Verteilerleitungen zu erteilen, die über den Rahmen des genehmigten Finanzplans oder eines gleichwertigen Instruments nicht hinausgehen;	terunternehmens und seine Aufsichtsrechte über das Management im Hinblick auf die – gemäß Artikel 25 Absatz 2 indirekt geregelte – Rentabilität eines Tochterunternehmens geschützt werden. Dies ermöglicht es dem Mutterunternehmen insbesondere, den jährlichen Finanzplan oder ein gleichwertiges Instrument des Verteilernetzbetreibers zu genehmigen und generelle Grenzen für die Verschuldung seines Tochterunternehmens festzulegen. Dies erlaubt es dem Mutterunternehmen nicht, Weisungen bezüglich des laufenden Betriebs oder einzelner Entscheidungen über den Bau oder die Modernisierung von Verteilerleitungen zu erteilen, die über den Rahmen des genehmigten Finanzplans oder eines gleichwertigen Instruments nicht hinausgehen;
d) der Verteilernetzbetreiber stellt ein Gleichbehandlungsprogramm auf, aus dem hervorgeht, welche Maßnahmen zum Ausschluss diskriminierenden Verhaltens getroffen werden, und gewährleistet die ausreichende Überwachung der Einhaltung dieses Programms. In dem Programm ist festgelegt, welche besonderen Pflichten die Mitarbeiter im Hinblick auf die Erreichung dieses Ziels haben. Die für die Überwachung des Gleichbehandlungsprogramms zuständige Person oder Stelle legt der in Artikel 23 Absatz 1 genannten Regulierungsbehörde jährlich einen Bericht über die getroffenen Maßnahmen vor, der veröffentlicht wird.	d) der Verteilernetzbetreiber stellt ein Gleichbehandlungsprogramm auf, aus dem hervorgeht, welche Maßnahmen zum Ausschluss diskriminierenden Verhaltens getroffen werden, und gewährleistet die ausreichende Überwachung der Einhaltung dieses Programms. In dem Programm ist festgelegt, welche besonderen Pflichten die Mitarbeiter im Hinblick auf dieses Ziel haben. Die für die Überwachung des Gleichbehandlungsprogramms zuständige Person oder Stelle legt der in Artikel 25 Absatz 1 genannten Regulierungsbehörde jährlich einen Bericht über die getroffenen Maßnahmen vor, der veröffentlicht wird.
Die Mitgliedstaaten können beschließen, die Absätze 1 und 2 nicht auf integrierte Elektrizitätsunternehmen anzuwenden, die weniger als 100 000 angeschlossene Kunden oder kleine isolierte Netze beliefern."	Die Mitgliedstaaten können beschließen, die Absätze 1 und 2 nicht auf integrierte Erdgasunternehmen anzuwenden, die weniger als 100 000 angeschlossene Kunden beliefern."

Die Mitgliedstaaten sind verpflichtet, die erforderlichen Rechts- und Verwaltungsvorschriften so zeitig in Kraft zu setzen, dass der Richtlinie spätestens am 1. Juli 2004 nachgekommen werden kann. Die Umsetzung von Art. 15 Abs. 1 bzw. Art. 13 Abs. 1 – und damit die gesellschaftsrechtliche Entflechtung des **Verteilernetzbetreibers** – können die Mitgliedsstaaten allerdings gem. Art. 30 Abs. 2 bzw. Art. 33 Abs. 2 bis zum 1. Juli 2007 zurückstellen; die organisatorische Entflechtung im Sinne von Art. 15 Abs. 2 bzw. Art. 13 Abs. 2 ist also bis zum 1. Juli 2004 umzusetzen.

Die Beachtung der Vorschriften zur organisatorischen Entflechtung dürfte ohne gleichzeitige gesellschaftsrechtliche Entflechtung allerdings nur sehr schwer möglich sein. Abs. 1 und Abs. 2 der Art. 15 und 13 bedingen und konkretisieren einander, als dass sie sich ohne weiteres trennen lassen könnten: Zum einen sollen die Mindestkriterien gem. Abs. 2 Satz 1 ausdrücklich die Anforderungen des Abs. 1 konkretisieren; zum anderen können verschiedene Anforderungen der organisatorischen Entflechtung gem. Abs. 2 ohne eine gesellschaftsrechtliche Entflechtung gem. Abs. 1 kaum erfüllt werden. Auch erwähnt Abs. 1 nicht nur die Unabhängigkeit der Rechtsform, sondern auch die Unabhängigkeit der Organisation und der Entscheidungsgewalt, die aber erst in Abs. 2 konkretisiert werden.

Wesentliche Voraussetzung für die Verpflichtung zur gesellschaftsrechtlichen Entflechtung ist in allen genannten Vorschriften, dass ein „vertikal integriertes Unternehmen" vorliegt. Hierbei handelt es sich für den Strombereich gem. Art. 2 Nr. 21 um ein Unternehmen, dass „mindestens eine der Funktionen Übertragung oder Verteilung und mindestens eine der Funktionen Erzeugung von oder Versorgung mit Elektrizität" bzw. für den Gasbereich gem. Art. 2 Nr. 20 „mindestens eine der Funktionen Fernleitung, Verteilung, LNG oder Speicherung und mindestens eine der Funktionen Gewinnung oder Lieferung von Erdgas" wahrnimmt. Reine Netz- oder Handelsgesellschaften müssen danach gesellschaftsrechtlich nicht entflechtet werden.

Für den Strombereich bestimmt Art. 17 (**„Kombinationsnetzbetreiber"**), dass die Art. 10 Abs. 1 und 15 Abs. 1 dem gemeinsamen Betrieb eines Übertragungsnetzes und eines Verteilernetzes durch einen Betreiber nicht entgegenstehen, sofern dieser hinsichtlich seiner Rechtsform, Organisation und Entscheidungsgewalt unabhängig von den übrigen Tätigkeitsbereichen ist, die nicht mit dem Betrieb des Übertragungsnetzes und des Verteilernetzes zusammenhängen. Die von diesen Kombinationsnetzbetreibern zu erfüllenden Anforderungen entsprechen denen aus Art. 10 und Art. 15 Abs. 2 Buchstabe a) bis d). Für den Gasbereich bestimmt Art. 15, dass die Art. 9 Abs. 1 und Art. 13 Abs. 1 dem gleichzeitigen Betrieb eines Fernleitungsnetzes, einer LNG-Anlage, einer Speicheranlage und eines Verteilernetzes durch einen Betreiber nicht entgegenstehen, sofern dieser hinsichtlich seiner Rechtsform, Organisation und Entscheidungsgewalt unabhängig von den übrigen Tätigkeitsbereichen ist, die nicht mit dem Betrieb des Fernleitungsnetzes, der LNG-Anlage, der Speicheranlage und des Verteilernetzes zusammenhängen. Die zu erfüllenden Anforderungen dieser Kombinationsnetzbetreiber entsprechen den oben dargestellten aus Art. 9 und Art. 13 Abs. 2 Buchstabe a) bis d).

7.2.2 Rechnerische Entflechtung

Die **rechnerische Entflechtung** wird für den Strombereich in Art. 19 Abs. 3 und für den Gasbereich in Art. 17 Abs. 3 wie folgt geregelt:

Art. 19 Abs. 3 der Elektrizitätsbinnenmarkt-Richtlinie 2003/54/EG	Art. 17 Abs. 3 der Erdgasbinnenmarkt-Richtlinie 2003/55/EG
„(3) Zur Vermeidung von Diskriminierung, Quersubventionen und Wettbewerbsverzerrungen führen Elektrizitätsunternehmen in ihrer internen Rechnungslegung jeweils getrennte Konten für ihre Übertragungs- und Verteilungstätigkeiten in derselben Weise, wie sie dies tun müssten, wenn die betreffenden Tätigkeiten von separaten Unternehmen ausgeführt würden. Sie führen auch Konten für andere, nicht mit den Bereichen Übertragung und Verteilung zusammenhängende elektrizitätswirtschaftliche Tätigkeiten, wobei diese Konten konsolidiert sein können. Bis zum 1. Juli 2007 führen sie jeweils getrennte Konten für die Versorgung zugelassener und nicht zugelassener Kunden. Einnahmen aus dem Eigentum am Übertragungs- bzw. Verteilernetz weisen sie in den Konten gesondert aus. Gegebenenfalls führen sie konsolidierte Konten für ihre Aktivitäten außerhalb des Elektrizitätsbereichs. Diese interne Rechnungslegung schließt für jede Tätigkeit eine Bilanz sowie eine Gewinn- und Verlustrechnung ein.	„(3) Zur Vermeidung von Diskriminierungen, Quersubventionen und Wettbewerbsverzerrungen führen Erdgasunternehmen in ihrer internen Rechnungslegung getrennte Konten für jede ihrer Tätigkeiten in den Bereichen Fernleitung, Verteilung, LNG und Speicherung in derselben Weise, wie sie dies tun müssten, wenn die betreffenden Tätigkeiten von separaten Unternehmen ausgeführt würden. Sie führen auch Konten für andere, nicht mit den Bereichen Fernleitung, Verteilung, LNG und Speicherung zusammenhängende Tätigkeiten im Erdgasbereich, wobei diese Konten konsolidiert sein können. Bis zum 1. Juli 2007 führen sie getrennte Konten für die Versorgung zugelassener Kunden bzw. nicht zugelassener Kunden. Einnahmen aus dem Eigentum am Fernleitungs- bzw. Verteilernetz weisen sie in den Konten gesondert aus. Gegebenenfalls führen sie konsolidierte Konten für ihre anderen Tätigkeiten außerhalb des Erdgasbereichs. Die interne Rechnungslegung schließt für jede Tätigkeit eine Bilanz sowie eine Gewinn- und Verlustrechnung ein.

Bemerkenswert ist, dass in der Stromversorgung nun wie in der Gasversorgung lediglich in der internen Buchführung zu segmentieren sein soll und dass die Versorgung (also Handel/Vertrieb) nicht mehr als gesonderte Tätigkeit (rechnerisch also als Segment) angesprochen wird.

In der Verwendung des Begriffes „interne Buchführung" in der Erdgasbinnenmarkt-Richtlinie 98/30/EG (und § 9a EnWG) und des Begriffes „interne Rechnungslegung" in den Richtlinien 2003/54/EG sowie 2003/55/EG könnte eine Hinwendung des Richtliniengebers zu kalkulatorischen Größen der Kosten- und Leistungsrechnung in der rechnerischen Entflechtung gesehen werden (wie bei der Transparenzrichtlinie). Dass kalkulatorische Größen die objektiveren und damit wohl auch „besseren" Rechengrößen sind, dürfte nicht ernsthaft angezweifelt werden; immerhin bleiben diese Größen von Bilanzpolitik verschont. Sie dürften auch die Arbeit der Regulierungsbehörde erleichtern, wenn nur schon an die Auswertung der Kalkulation der Netznutzungsentgelte gedacht wird; fraglich wäre allerdings, wieso der Richtliniengeber dann die handelsrechtlichen Begriffe "Bilanz" und „Gewinn- und Verlustrechnung" verwendet. Es könnte deshalb auch sein, dass der Richtliniengeber lediglich zum Ausdruck bringen wollte, dass die auf pagatorischen Größen beruhenden Bilanzen und GuV-Rechnungen nicht wie bisher im Anhang veröffentlicht werden müssen. Bezüglich dieser grundsätzlichen Frage muss zunächst die weitere Diskussion abgewartet werden.

7.2.3 Praktische Umsetzung der Entflechtung

Für den Übertragungsnetzbetreiber ist in Art. 10, für den Fernleitungsnetzbetreiber in Art. 9 und für den Verteilernetzbetreiber in Art. 15 bzw. Art. 13 jeweils in Abs. 1 Satz 2 ausdrücklich klargestellt, dass bei der gesellschaftsrechtlichen Entflechtung keine Trennung des Eigentums an den Vermögenswerten des Verteiler- oder Übertragungs- bzw. Fernleitungsnetzes erforderlich ist. Das Netz kann folglich beim bisherigen Eigentümer verbleiben, muss dem Netzbetreiber aber zur Nutzung überlassen werden. Als Minimallösung bietet sich daher die Verpachtung des Netzes an die Netzgesellschaft an. Die Einnahmen aus dem Eigentum am Übertragungs- bzw. Verteilernetz bzw. Fernleitungs- bzw. Verteilernetz – also auch die Pachteinnahmen – sind von dem Mutterunterunternehmen gem. Art. 19 Abs. 3 Satz 4 bzw. Art. 17 Abs. 3 Satz 4 gesondert in den Konten auszuweisen. Es ist aber auch denkbar, dass der Netzgesellschaft mit oder ohne Aufdeckung der stillen Reserven das Netz übertragen wird.

Die gesellschaftsrechtliche und organisatorische Entflechtung führt dazu, dass der Verteilungsnetzbetreiber sein Verteilungsnetz, der Fernleitungsnetzbetreiber sein Fernleitungsnetz und der Kombinationsnetzbetreiber sein Übertragungs- und Verteilernetz bzw. sein Fernleitungs- und Verteilernetz sowie seine LNG- und Speicheranlage in einer juristisch eigenständigen Gesellschaft betreiben muss. Für diese Netzgesellschaften sind weitere Regelungen für eine rechnerische Entflechtung (Segmentierung) grundsätzlich entbehrlich, da bei rechtlicher Verselbstständigung von Tätigkeiten ohnehin die gesonderte Rechnungslegung Pflicht ist. Für die Kombinationsnetzgesellschaft und die Gesellschaften, die unter die 100.000-Kunden- oder die De-minimis-Klausel des Art. 15 bzw. 13 jeweils letzter Satz fallen, besteht dagegen zusätzlich unverändert auch die Verpflichtung zur rechnerischen Entflechtung, da in diesen Gesellschaften die in Art. 19 Abs. 3 Satz 1 bzw. Art. 17 Abs. 3 Satz 1 aufgeführten primären „netzorientierten" Tätigkeiten zusammengefasst werden. Dagegen dürfte für die Gesellschaften, aus denen die Netzgesellschaften herausgelöst wurden, keine zusätzliche Verpflichtung zu der im Folgenden dargestellten rechnerischen Entflechtung bestehen, da sie nur noch die in Art. 19 Abs. 3 Satz 2 bzw. Art. 17 Abs. 3 Satz 2 aufgeführten sekundären „nicht-netzorientierten" Tätigkeiten betreiben, die alleine keine Verpflichtung zur rechnerischen Entflechtung auslösen dürften. Voraussetzung wäre allerdings, dass anderweitige in der Buchführung gem. Art. 19 oder Art. 17 auszuweisende Informationen, wie z.B. die Einnahmen aus dem Eigentum am Fernleitungs- bzw. Verteilernetz gesondert erfasst und bereitgehalten werden.

Nach der hier vertretenen Auffassung können ähnlich wie bei dem in den Art. 17 bzw. 15 geregelten „vertikalen" Kombinationsnetzbetreiber in den Netzgesellschaften die Netzaktivitäten von Strom- und Gasversorgungsunternehmen zusammengefasst werden. Diese Übertragungs-/Fernleitungs- oder Verteilernetze dürfen auch mit anderen Netzen, z.B. der Fernwärmeversorgung zusammengefasst werden. Unstrittig dürfte sein, dass diese aus der gesellschaftsrechtlichen Entflechtung entstandenen „horizontalen" Kombinationsnetzgesellschaften zusätzlich auch die im Folgenden dargestellte rechnerische Entflechtung gem. Art. 19 bzw. Art. 17 zu realisieren haben. Aus Sicht eines Elektrizitätsunternehmens würde dann das Netz der Gas- und Fernwärmeversorgung zu den sonstigen Tätigkeiten des Art. 19 Abs. 3 Satz 2 und bei einem Gasunternehmen das Netz der Elektrizitäts- und Fernwärmeversorgung zu den sonstigen Tätigkeiten des Art. 17 Abs. 3 Satz 2 gehören. Bei einer derartigen Konstruktion wäre es daher das Sinnvollste, für das Elektrizitäts- und das Gasnetz getrennt Rechnung zu legen und das Netz der Fernwärme als Teil der sonstigen Tätigkeiten abzubilden.

7.3 Folgerungen für die Versorgungswirtschaft

Für die Stadtwerke könnten sich insbesondere durch die **gesellschaftsrechtliche Entflechtung** folgende nachteilige Konsequenzen ergeben[80].

- Synergieeffekte durch vertikale und horizontale Integration mehrerer Geschäftsbereiche – eine typische Besonderheit von Stadtwerken – würden entfallen;

- durch das Aushandeln von Verträgen u.a. ergeben sich hohe Transaktionskosten; ähnlich wären auch die Entflechtungsvorgänge mit hohen Kosten verbunden;

- Unterkapitalisierung kann Konzentrationseffekte zur Folge haben (bei gesellschaftsrechtlicher Trennung in mehrere Gesellschaften würde der überwiegende Teil des Anlagevermögens in der Netzgesellschaft verbleiben; die Vertriebsgesellschaft wäre unterkapitalisiert);

- die Planungs- und Investitionssicherheit und somit auch Arbeitsplätze wären gefährdet;

- Nachteile würden sich vor allem für kleine, integrierte Energieversorger im europäischen Wettbewerb ergeben, (große Unternehmen haben die gesellschaftsrechtliche Entflechtung großenteils bereits vollzogen);

- bei Ausgliederung des Netzes kann ein Rating schlechtere Ergebnisse bringen; die Unternehmensausgründung ist mit steuerrechtlichen Risiken verbunden (Steuerneutralität nur bei Übertragung steuerlich anerkannter Teilbetriebe).

Auf deutscher Ebene sind verschiedene Verbände (u.a. VKU und VDEW) damit beschäftigt, die effektive Verwirklichung des Netzzuganges auf andere Weise als durch

---

80 S. hierzu auch die Anlage zum VKU-Nachrichtendienst 644 a.a.O.

die gesellschaftsrechtliche Entflechtung herbei zu führen. Ziel ist es, die vertikal integrierten Versorgungsunternehmen in der BRD von der Verpflichtung zur gesellschaftsrechtlichen Entflechtung frei zu stellen. Dies soll durch eine Selbstverpflichtung in Form eines **Verhaltenskodex *(code of conduct)*** ohne Zwang zur Umsetzung geschehen. Dieser wird verschiedene organisatorische Maßnahmen enthalten, mit denen der Netzbetrieb im bestehenden Unternehmen weitgehend verselbständigt werden soll. Er soll aus folgenden zehn Modulen bestehen: Buchhalterische Trennung, Vertraulichkeit des Informationsflusses, Nichtdiskriminierungsbeauftragter, Verpflichtung zur Mitarbeiterinformation, Schaffung Ressortleitung Netz, Unabhängiges Handeln in sensiblen Geschäftsbereichen, Betreuung von Kunden, Information der Kunden über Nicht-Diskriminierung, EDV und Kontrolle/Sanktionen.

Die Mitgliedstaaten können nämlich beschließen, die Art. 15 bzw. 13 nicht auf integrierte Elektrizitäts- bzw. Erdgasunternehmen anzuwenden, die weniger als 100 000 angeschlossene Kunden oder kleine isolierte Netze betreiben (sog. De-minimis-Klausel). Im Hinblick darauf hätte die Kommission gem. Art. 28 Abs. 3 bzw. Art 31 Abs. 3 dem Europäischen Parlament und dem Rat spätestens am 1. Januar 2006 einen detaillierten Bericht über die Fortschritte bei der Schaffung des Elektrizitäts- bzw. Erdgasbinnenmarktes vorzulegen. In dem Bericht wäre insbesondere das Bestehen eines nichtdiskriminierenden Netzzugangs zu prüfen. Falls die Kommission in diesem Bericht feststellt, dass aufgrund der effektiven Verwirklichung des Netzzugangs in einem Mitgliedstaat ein tatsächlicher, nichtdiskriminierender und ungehinderter Netzzugang bewirkt ist und bestimmte in dieser Richtlinie vorgesehene Vorschriften für Unternehmen (einschließlich der Vorschriften für die rechtliche Entflechtung von Verteilernetzbetreibern) nicht in einem ausgewogenen Verhältnis zum verfolgten Ziel stehen, kann der betreffende Mitgliedstaat bei der Kommission gem. Art. 27 bzw. Art. 29 einen Antrag auf Freistellung von der Einhaltung der betreffenden Vorschrift einreichen. Ob die Kommission diesen Antrag direkt bescheiden und dem Antragsteller eine Ausnahme von den Verpflichtungen der Richtlinie gewähren kann oder ob die Kommission eine Änderung der Richtlinie veranlassen muss, ist noch umstritten.

Es bleibt abzuwarten, ob diesem Bestreben zur Befreiung der Verteilernetzebene von den Vorschriften zur rechtlichen Entflechtung die erhoffte Bedeutung zukommen wird. Zum einen wird bei weitgehend unklaren Bewertungskriterien eine aufwendige Argumentation erforderlich sein, um Alternativmodelle als gleichwertig zu einer gesellschaftsrechtlichen Entflechtung darstellen zu können. Im Übrigen handelt es sich hierbei um eine Kann- und keine Mussaktivität der Europäischen Kommission und ob Rat und Parlament dem aus deutscher Sicht positiven Vorschlag folgen, ist wiederum von anderen Faktoren abhängig. Letztendlich könnte sich auch die langwierige Diskussion bei der Umsetzung der buchhalterischen Entflechtung gem. § 9 EnWG und die verspätete Umsetzung der Erdgasbinnenmarkt-Richtlinie als wenig hilfreich erweisen. Nicht zu vergessen ist auch, dass die Vorschriften zur organisatorischen Entflechtung trotz der oben dargestellten Ungereimtheiten in Deutschland bis zum 1. Juli 2004 umgesetzt und angewendet werden müssen, um überhaupt eine Chance für die Freistellung haben zu können.

Hinsichtlich der **rechnerischen Entflechtung** sollten sich die Unternehmen der Gaswirtschaft darauf einstellen, dass ihnen nur ein kurzfristiger Aufschub eingeräumt wird, denn die Bundesrepublik Deutschland steht unter dem Zwang der nationalen Umsetzung von EU-Vorgaben. Alle betroffenen Unternehmen werden mit strengeren Anforderungen hinsichtlich der der Segmentierung zu Grunde zu legenden Aktivitäten zu rechnen haben. Schließlich spricht vieles dafür, dass es künftig keine unterschiedlichen Maßstäbe hinsichtlich der Publizität der Segmentrechnungen nach Energiewirtschaftsrecht geben wird, dass sie also allgemein nur intern zu erstellen sein werden und damit auch nicht in die Prüfung des Jahresabschlusses einzubeziehen sein werden; Mängel der Segmentrechnungen müssen sich also nach einer Neufassung des § 9 EnWG nicht im Bestätigungsvermerk niederschlagen. Das wird es allerdings nicht ausschließen, dass bei öffentlichen Unternehmen im Rahmen der erweiterten Prüfung entsprechend § 53 HGrG auch interne Segmentrechnungen zu untersuchen sind. Stellen die verpflichteten Unternehmen allerdings überhaupt keine interne Entflechtungsrechnung auf, ist hierüber im Rahmen der Redepflicht gem. § 321 Abs. 1 Satz 3 HGB zu berichten.

7.4 IDW-Stellungnahmen

Der Fachausschuss für öffentliche Unternehmen und Verwaltungen (ÖFA) des IDW beschloss vor dem Hintergrund der ausstehenden Verabschiedung der Energierechts-Novelle am 24.09.02 die IDW-Verlautbarungen IDW ERS ÖFA 2 und IDW EPS 610 zunächst nicht endgültig zu verabschieden, sondern vorerst die Entwicklung des weiteren Gesetzgebungsverfahrens abzuwarten[81]. Sollte die Segmentierung auch im Elektrizitätsbereich künftig nur in der internen Buchführung vorzuhalten und damit demnächst nicht mehr generell prüfungspflichtig sein, werden die ÖFA-Texte insoweit möglicherweise über das Entwurfsstadium nicht hinauskommen. Jedoch will der ÖFA „auch weiterhin die aktuellen Diskussionen begleiten". In diesem Sinne sind auch die veröffentlichten Entwürfe (obwohl in dieser Schrift in einigen Einzelheiten kritisch beurteilt) anregende und für die Problemdiskussion weiterhin hilfreiche Quellen.

Wesentlich für die Beurteilung des Themas aus prüferischer Sicht bis zu einer Novellierung der einschlägigen Vorschriften sind folgende Feststellungen des ÖFA[82]:

„Hinsichtlich der Konsequenzen für den Bestätigungsvermerk bei einem von *IDW ERS ÖFA* 2 abweichenden „Unbundling" hält der ÖFA angesichts der weiterhin bestehenden Rechtsunsicherheit an seiner Auffassung fest, dass ein uneingeschränkter Bestätigungsvermerk grundsätzlich auch dann erteilt werden kann, wenn das geprüfte Unternehmen das „Unbundling" nach der sog. Verbändelösung umgesetzt hat (vgl. FN-IDW 2000, S. 102 f.). Erforderlich ist jedoch eine umfassende Darstellung der Abgrenzung der Aktivitäten im Rahmen des durchgeführten „Unbundling" im Anhang. Insbesondere ist dort zu erläutern, welcher Aktivität der Strombezug und -verkauf zugeordnet wurde."

Dem ist zuzustimmen, u.E. auch bei dem einstweilen unveränderten Wortlaut des § 9 EnWG. Erst die Umsetzung der neuen Energiebinnenmarkt-Richtlinien würde rechtlich zu einer veränderten Situation führen.

---

81 S. Bericht über die 88. ÖFA-Sitzung in FN-IDW 2002, S. 767.

82 FN-IDW a.a.O.

Materialien

Bundesministerium für Wirtschaft, Ergebnisvermerk vom 27.05.98 zur Sitzung mit den Bundesländern zur Durchführung des neuen Energiewirtschaftsrechts, S. 5.

Deutscher Standardisierungsrat des DRSC, Deutscher Rechnungslegungsstandard Nr. 3, Segmentberichterstattung (veröffentlicht am 31.05.2000).

Follow-up-Gruppe zur Richtlinie 96/92/EG, Protokoll zur Sitzung 30./31. Oktober 1997.

Gemeinschaftskontenrahmen für Versorgungs- und Verkehrsunternehmen, 2. neu bearbeitete Ausgabe, Frankfurt am Main 1986.

Gesellschaft für öffentliche Wirtschaft (Hrsg.), Die Unternehmen der öffentlichen Energieversorgung der Bundesrepublik Deutschland im europäischen Binnenmarkt, Stellungnahme des Wissenschaftlichen Beirats der Gesellschaft für öffentliche Wirtschaft, Berlin 1991 (Beiträge zur öffentlichen Wirtschaft, Heft 8).

Institut der Wirtschaftsprüfer in Deutschland e.V., IDW EPS 610: Prüfung von Energieversorgungsunternehmen, in: WPg 2001, S. 1492.

Institut der Wirtschaftsprüfer in Deutschland e.V., IDW ERS ÖFA 2: Rechnungslegung von Energieversorgungsunternehmen nach dem Energiewirtschaftsgesetz, in: WPg 2001, S. 1494.

International Accounting Standards Committee, International Accounting Standard 14 (revised 1997), Segment Reporting, London 1997; deutsche Übersetzung in: International Accounting Standards 2001 (Deutsche Ausgabe), Stuttgart 2001, S. 275.

Kommission der Europäischen Gemeinschaften, Mitteilung der Kommission an den Rat und das Europäische Parlament vom 13.3.2001, Vorschlag für eine Richtlinie des Europäischen Parlaments und des Rates zur Änderung der Richtlinien 96/92/EG und 98/30/EG über gemeinsame Vorschriften für den Elektrizitätsbinnenmarkt und den Erdgasbinnenmarkt.

Kommission der Europäischen Gemeinschaften, Geänderter Vorschlag vom 7.6.2002 für die Richtlinie des Europäischen Parlaments und des Rates zur Änderung der Richtlinien 96/92/EG und 98/30/EG über Vorschriften für den Elektrizitätsbinnenmarkt und den Erdgasbinnenmarkt.

Richtlinie 96/92/EG des Europäischen Parlaments und des Rates vom 19.12.96 betreffend gemeinsame Vorschriften für den Elektrizitätsbinnenmarkt, Amtsblatt der Europäischen Gemeinschaften Nr. L 27/20 vom 30.01.97.

Richtlinie 98/30/EG des Europäischen Parlaments und des Rates vom 22.06.98 betreffend gemeinsame Vorschriften für den Erdgasbinnenmarkt, Amtsblatt der Europäischen Gemeinschaften Nr. L 204/1 vom 21.07.98.

Richtlinie 98/30/EG des Europäischen Parlaments und des Rates vom 22.06.98 betreffend gemeinsame Vorschriften für den Erdgasbinnenmarkt, Amtsblatt der Europäischen Gemeinschaften Nr. L 204/1 vom 21.07.98.

VDEW - Vereinigung deutscher Elektrizitätswerke e.V. -, VKU Verband kommunaler Unternehmen e.V., Gemeinsame Stellungnahme der VDEW und des VKU zur Aktivitätenabgrenzung bei der Rechnungslegung gemäß neuem EnWG (1998), in: Versorgungswirtschaft 1999, S. 10.

VDEW – Vereinigung Deutscher Elektrizitätswerke e.V. –, Unbundling im Rechnungswesen - Leitfaden zur praktischen Umsetzung im EVU, VDEW-Materialien M-02/98.

VKU Verband kommunaler Unternehmen e.V., Entflechtung im Rechnungswesen vertikal und horizontal integrierter Elektrizitätsunternehmen, Anlage zum VKU-Nachrichtendienst, Folge 589, Januar 1998.

VKU Verband kommunaler Unternehmen e.V., Organisatorische Entflechtung nach §§ 4 und 7 Energiewirtschaftsgesetz, Anlage zum VKU-Nachrichtendienst, Folge 599, November 1998.

VKU Verband kommunaler Unternehmen e.V., Unbundling im Elektrizitätsbinnenmarkt – Realitäten, politische Überlegungen und Konsequenzen, Anlage zum VKU-Nachrichtendienst, Folge 644, August 2002

Schrifttum

Böcking, Hans-Joachim, Segmentberichterstattung – ein Baustein zur Kontrolle und Transparenz im Unternehmensbereich, in: Dieter Menhold, Norbert Pfitzer (Hrsg.), Reform des Aktienrechts der Rechnungslegung und Prüfung – KonTraG, KapAEG, EuroEG, StückAG, Stuttgart 1999, S. 509.

Böcking, Hans-Joachim, Birka Benecke, Neue Vorschriften zur Segmentberichterstattung nach IAS und US-GAAP unter dem Aspekt des Business Reporting, in: WPg 1998, S. 92.

Bolsenkötter, Heinz, Michael Poullie, Auswirkungen der EU-Transparenzrichtlinie auf das Rechnungswesen: ZögU 2001, S. 204.

Bolsenkötter, Heinz, Segmentierung von Rechnungswesen und Rechnungslegung - insbesondere nach den Energiebinnenmarkt-Richtlinien -, in: Helmut Cox (Hrsg.), Öffentliche Dienstleistungen in der Europäischen Union, Schriftenreihe der Gesellschaft für öffentliche Wirtschaft, Baden-Baden 1999.

Brenzke, Dieter, Neuansatz für ein Kostenaufteilungsverfahren zwischen thermischer und elektrischer Energie bei Kraft-Wärme-Kopplung – ein möglicher Teilansatz auch für das „Unbundling", in: ZögU 2001, S. 123.

Britz, Gabriele, Staatliche Förderung gemeinwirtschaftlicher Dienstleistungen in liberalisierten Märkten und Europäisches Wettbewerbsrecht – Zur Neufassung der Transparenzrichtlinie –, in: DVBl 2000, S. 1641.

Busse von Colbe, Walther (Hrsg.), Vereinbarkeit internationaler Konzernrechnungslegung mit handelsrechtlichen Grundsätzen, Empfehlungen des Arbeitskreises „Externe Rechnungslegung" der Schmalenbach-Gesellschaft - Deutsche Gesellschaft für Betriebswirtschaft e.V., zfbf-Sonderheft 39, 1997, Abschnitt Segmentberichterstattung.

Danner, Wolfgang, Energiewirtschaftsrecht - Energiewirtschaftsgesetz mit Verordnungen, EU-Richtlinien, Gesetzesmaterialien, Verbändevereinbarungen, Gesetze und Verordnungen zu Energieeinsparung und Umweltschutz sowie andere energiewirtschaftlich relevante Rechtsregelungen, Kommentar, Band I, München, Stand Juli 2001.

Dorprigter, Ulrich, Energiewirtschaft: Die Zuordnung von Eigen- und Fremdkapital sowie von Finanzmitteln in einer Unbundlingrechnung, in: Controller-Magazin 2001, S. 166.

Ebeling, Michael, Jens Schmidt, Thomas Drüppel, Möglichkeiten der Kontentrennung für die Rechnungslegung nach §§ 9, 9a Energiewirtschaftsgesetz, in: Versorgungswirtschaft 2001, S. 77.

Haase, Klaus Dittmar, Segment-Bilanzen, Rechnungslegung diversifizierter Industrieunternehmen, Wiesbaden 1974.

Haase, Klaus Dittmar, Segmentpublizität, Prüfung der, Handwörterbuch der Revision, 2. Aufl. Stuttgart 1992.

Haase, Klaus Dittmar, Segmentbilanz, Handwörterbuch des Rechnungswesens, 3. Aufl. Stuttgart 1993.

Haller, Axel, Segmentpublizität, in: Wolfgang Ballwieser, Adolf G. Coenenberg, Klaus v. Wysocki, Handwörterbuch der Rechnungslegung und Abschlussprüfung, 3. Aufl. Stuttgart 2002.

Institut der Wirtschaftsprüfer in Deutschland e.V. (Hrsg.), Wirtschaftsprüfer-Handbuch 2000, Bd. I, Düsseldorf 2000

Loitz, Rüdiger, Auswirkungen der Harmonisierung des Energiemarkts auf die Rechnungslegung und Prüfung der Energieversorgungsunternehmen, in: BB 1998, S. 1680.

Lurweg, Hans Josef, Erik Ohde, Energiewirtschaftsgesetz – Anforderungen an die verwaltungs- und rechnungsmäßige Entflechtung, PwC-DR-Standpunkt 12, Frankfurt am Main 1999.

Marx, Franz Jürgen, Rechtfertigung, Bemessung und Abbildung von Steuerumlagen, in: DB 1996.

Ordelheide, Dieter, Michael Stubenroth, Segmentberichterstattung: US-GAAP im Vergleich zu HGB/DRS, in: Wolfgang Ballwieser (Hrsg.), US-amerikanische Rechnungslegung, Grundlagen und Vergleiche mit deutschem Recht, 4. Aufl. Stuttgart 2000, S. 379.

Padberg, Carsten, Thomas Padberg, Das Segmentergebnis von Elektrizitätsversorgungsunternehmen, in: Versorgungswirtschaft 2001, S. 249.

Padberg, Thomas, Carsten Gubelt, Carsten Padberg, Zur Aussagekraft der Segmentinformationen von Elektrizitätsversorgungsunternehmen nach § 9 EnWG, in: Versorgungswirtschaft 2001, S. 81.

Pejic, Philip, International Accounting Standards Committee: Der überarbeitete Entwurf zur Segmentberichterstattung, in: DB 1997, S. 2038.

Pfaffenberger, Wolfgang, Elektrizitätswirtschaft, München-Wien 1993.

Röhricht, Kurt, Stephan Cobulla, Transparenz der Buchführung und Rechnungslegung von Energieversorgungsunternehmen nach § 9 EnWG, in: Versorgungswirtschaft 1999, S. 5.

Schierenbeck, Henner, Grundzüge der Betriebswirtschaftslehre, 14. Aufl. München 1999.

Soukup, Karl, Transparenz-Richtlinie und die Erfüllung öffentlicher Aufgaben, in: Helmut Brede (Hrsg.), Wettbewerb in Europa und die Erfüllung öffentlicher Aufgaben, Baden-Baden 2000/2001, S. 93.

Soukup, Karl, Auswirkungen der neuen Transparenz-Richtlinie auf öffentliche Unternehmen, in: ZögU 2001, S. 86.

Veit, Klaus-Rüdiger, Oliver Bernards, Anforderungen an die Segmentberichterstattung im internationalen Vergleich, in: WPg 1995, S. 493.

Zur Mühlen, Manfred, Handlungsbedarf in der Rechnungslegung und Prüfung deutscher Energieversorgungsunternehmen, in: Versorgungswirtschaft 1997, S. 173.

Stichwortverzeichnis

Kommunalwirtschaftliche Forschung und Praxis

Herausgegeben von Prof. Dr. Wolf Gottschalk

Band 1 Ulf Klostermann: Controlling zur Unterstützung von Least-Cost Planning im Elektrizitätsunternehmen. 1998.

Band 2 Heinz Bolsenkötter / Michael Poullie: Rechnerisches Unbundling in der Strom- und Gasversorgung. Rechnungslegung nach dem neuen Energiewirtschaftsgesetz. 3., neubearbeitete Auflage. Die 1. und 2. Auflage sind im Jahre 2000 unter dem Titel *Rechnungslegung nach der Elektrizitätsbinnenmarkt-Richtlinie und nach § 9 EnWG* erschienen. 2003.

Band 3 Klaus Traube / Wolfgang Schulz: Aktuelle Bewertung der Kraft-Wärme-Kopplung. Ökologische und ökonomische Wirkung eines mittelfristigen Ausbaus der Kraft-Wärme-Kopplung zur Nah-/Fernwärmeversorgung in Deutschland. 2001.

Band 4 Axel Thomas: Unternehmensinternes Kostenmanagement in Energieversorgungsunternehmen. Grundlagen effektiver Kostenrechnungsverfahren auf der Basis der SAP-Software. 2001.

Band 5 Georg Raffetseder: Erfolgs- und Mißerfolgsfaktoren der Verwaltungsmodernisierung. Zur Steuerung von Reformprozessen. 2001.

Band 6 Andreas Schmidt: Stadtwerke auf neuen Märkten. Gemeinderechtliche Chancen umweltschonender Energiedienstleistungen. 2002.

Band 7 Hannes Rehm / Sigrid Matern-Rehm: Kommunale Finanzwirtschaft. 2003.

Band 8 Alexander Meckies: Die persönliche Haftung von Geschäftsleitern in Kapitalgesellschaften der öffentlichen Hand. 2003.

FSC
www.fsc.org
MIX
Papier | Fördert
gute Waldnutzung
FSC® C083411

Kolibri 360 GmbH
Ferdinand-Jühlke-Straße 7
99095 Erfurt, Deutschland
produktsicherheit@kolibri360.de

Druck:
CPI Druckdienstleistungen GmbH
im Auftrag der
Kolibri 360 GmbH
Ferdinand-Jühlke-Str. 7
99095 Erfurt